高等教育自学考试系列辅导丛书

丛书组编　四川英华教育文化传播有限公司

高等教育自学考试《经济法概论》（财经类）辅导资料

（经济管理类专业）

经济法概论（财经类）模拟试题集

主编　梁　勤

课程代码
00043

西南财经大学出版社
Southwestern University of Finance & Economics Press

中国·成都

图书在版编目(CIP)数据

经济法概论(财经类)模拟试题集/梁勤主编. —成都:西南财经大学出版社,2016.9

ISBN 978 – 7 – 5504 – 2665 – 8

Ⅰ.①经… Ⅱ.①梁… Ⅲ.①经济法—中国—高等教育—自学考试—习题集— Ⅳ.①D922.29 – 44

中国版本图书馆 CIP 数据核字(2016)第 229252 号

经济法概论(财经类)模拟试题集

梁勤 主编

责任编辑:李特军

封面设计:张姗姗

责任印制:封俊川

出版发行	西南财经大学出版社(四川省成都市光华村街55号)
网　　址	http://www. bookcj. com
电子邮件	bookcj@ foxmail. com
邮政编码	610074
电　　话	028 – 87353785　87352368
印　　刷	四川森林印务有限责任公司
成品尺寸	185mm ×260mm
印　　张	14
字　　数	295 千字
版　　次	2016 年 9 月第 1 版
印　　次	2016 年 9 月第 1 次印刷
印　　数	1— 5500 册
书　　号	ISBN 978 – 7 – 5504 – 2665 – 8
定　　价	29. 80 元

编写说明

　　《经济法概论（财经类）模拟试题集》是全国高等教育自学考试经济管理类专业经济法概论（财经类）课程自学考试的配套参考用书。该课程内容多、难度大，且是一门应用性、专业性及知识性较强的学科，为此，考生在复习迎考时觉得无从下手。为了满足广大考生复习迎考之要求，作者根据长期从事高教自考教学和管理的经验，历时四月之久，精心编写了本书。

　　在编写时，依据全国考委颁布的《经济法概论（财经类）自学考试大纲》和中国人民大学出版社出版的《经济法概论（财经类）》（作者 李仁玉 2016 版），并结合近年来出现的新情况、新形势和新的法律、法规，以模拟试题形式组编了本书。编写时，力求做到重点突出，内容全面，有针对性，又有较强的实战效果。此书共编有单项选择题、多项选择题、简答题、论述题、案例题等常见的考试题型，并配有较为完整的参考答案，以供考生练习和模拟考试使用。

　　由于模拟试题毕竟不是试题，有其局限性，希望考生在认真研读教材大纲的基础上去练习，切不可本末倒置，置教材、大纲于不顾，而一味地做题、猜题、押题。相信考生能理解我们编写此书的良苦用心。"书山有路勤为径，学海无涯苦作舟。"辅导书固然好，也只是一个助手，在通往成功之路上，需要更多的是自学者的勤奋和努力。

　　"梅花香自苦寒来"，考生在学习这门课程的过程中，只要掌握恰当的学习方法，熟读所学内容，多做练习，就一定会学好这门课程，取得优异成绩，实现梦想的。

　　知识在于更新，我们会根据新形势、新情况，应广大考生要求，编写出更多、更新，适合自考、符合自考规律的题集。

　　我们在编写此书时，吸收了国内同行及兄弟院校许多经验和优秀成果，并得到西南科技大学自考办和四川科技职业学院自考办、四川英华教育文化传播有限公司、西南财经大学出版社等单位的大力支持，在此一并表示感谢！

由于编写时间仓促和经验不足，错误与遗漏在所难免，希望考生和助学教师在使用过程中提出批评和意见，我们将会在再版时，进行更新与弥补。

编　者

2016 年 9 月于成都

组编前言

依靠自己的力量，在有限的时间里学习一门新学科，从不懂到懂，从不会到会，从不理解到理解，从容易遗忘到记忆深刻，从不会应用到熟练应用，从模仿到创新，把书本知识内化为自己的知识，是一个艰难的过程。在这个过程中，自学者不仅需要认真钻研考试大纲，刻苦学习教材和辅导书，还应该做适量的练习，把学和练有机地结合起来，否则，就不能达到预定的学习目标。"纸上得来终觉浅，绝知此事要躬行。"这是每一位自学者都应遵循的信条。

编写模拟试题，同样是件不容易的事，它对编写者提出了相当高的要求：

● 有较深的学术造诣；

● 有较丰富的教学和管理经验；

● 对高等教育自学考试有深刻的理解并有一定的辅导自学者的经历；

● 对考试大纲、教材、辅导书有深入的了解，对文中的重点、难点、相互联系等有准确的理解；

● 对自学者的学习需要和已有的知识基础有一定的了解。

只有把这些因素融会在一起，作者才能编写出高质量的、有利于举一反三的、事半功倍的题集。

基于学习目标的考虑，我们把模拟试题大致分为四个步骤：

第一，单项练习：针对一个知识点而设计的练习。其目的在于帮助自学者理解记忆基础概念和理论。

第二，创造性练习：提供一些案例、事实、材料，使考生应用所学的理论、观点、方法、创造性地解决问题。这类问题可能没有统一的答案，只有一些参考性的思路。其目的很明显，就是培养自学者的创新意识和思维能力。

第三，综合模拟考试：在整个学科范围内设计练习，尽量参考考试大纲的题型组成类似考卷的练习。其目的在于使自学者及时检测全部学习状况，帮助自学者作好迎接统一考试的知识及心理准备。

第四，历届试题练习：旨在帮助自学者能按正规考试进行学习效果的测试。

孔子曰："学而时习之，不亦乐乎。"一边学，一边练，有节奏、有规律地复习，不仅提高了学习效率，也会给艰难的学习过程带来不少的快乐。圣人能够体会到这一点，我们每一位自学者同样能体会到。如果通过这样的学习过程，实现了学习目标，实现了人生的理想，实现了对自我的不断超越，那么，我们说这种学习其乐无穷也毫不夸张。

高等教育自学考试系列辅导丛书的编写和出版工作是一项艰巨而复杂的文化系统工程，需要付出很多的时间与精力来完成。立足于现状，不骄不馁；展望下未来，任重道远。我们满怀信心，肩负文化企业赋予的使命，无怨无悔。只要怀有对文化教育事业的诚挚热爱，心系考生，情牵教育，胜利与成功一定属于付出努力的人。

编　者

目 录

第一篇　单元模拟试题

第一章　公司法 …………………………………………………（3）

第二章　合伙企业法与个人独资企业法 ………………………（35）

第三章　合同法 …………………………………………………（47）

第四章—第五章　专利法、商标法 ……………………………（89）

第六章　反垄断与反不正当竞争法 ……………………………（118）

第七章　产品质量法 ……………………………………………（131）

第八章　消费者权益保护法 ……………………………………（141）

第九章　劳动法 …………………………………………………（154）

第十章　自然资源与环境保护法 ………………………………（168）

第二篇　综合模拟试题

全国高等教育自学考试

　　经济法概论（财经类）模拟试卷（一） ………………………（181）

全国高等教育自学考试

　　经济法概论（财经类）模拟试卷（二） ………………………（192）

全国高等教育自学考试

　　经济法概论（财经类）模拟试卷（三） ………………………（205）

第一篇
单元模拟试题

第一章 公司法

一、单项选择题

1. 我国《公司法》规定的公司成立的原则是 （　）
   A. 自由主义　　　　　　　　　　B. 特许主义
   C. 准则主义　　　　　　　　　　D. 核准主义

2. 我国《公司法》规定，有限责任公司股东最高人数为 （　）
   A. 20 人　　　　　　　　　　　　B. 30 人
   C. 50 人　　　　　　　　　　　　D. 200 人

3. 国有独资公司的监事会主席由 （　）
   A. 国有资产监督管理机构从监事会成员中指定
   B. 国务院任命
   C. 董事会任命
   D. 监事会选举

4. 我国《公司法》对股份有限公司发起人住所地的规定是 （　）
   A. 发起人在中国境内有住所
   B. 发起人在公司住所地有住所
   C. 2/3 以上发起人在中国境内有住所
   D. 半数以上发起人在中国境内有住所

5. 以募集方式设立股份有限公司的，发起人认购的股份不得少于公司股份总数的 （　）
   A. 35%　　　　　　　　　　　　B. 30%
   C. 25%　　　　　　　　　　　　D. 20%

6. 根据我国《证券法》的规定，下列情形中，属于上市公司股票交易的终止情形的是 （　）
   A. 公司股本总额、股权分布等发生变化不再具备上市条件
   B. 公司不按照规定公开其财务状况
   C. 公司最近 3 年连续亏损
   D. 公司解散或者被宣告破产

7. 公司的住所是 （　　）

    A. 公司总部所在地

    B. 公司的主营业务所在地

    C. 公司的主要资产所在地

    D. 公司的主要办事机构所在地

8. 以公司债债权能否转化为股权为标准，公司债可分为 （　　）

    A. 记名债券和无记名债券

    B. 有担保公司债和无担保公司债

    C. 可转换公司债和非转换公司债

    D. 公募公司债和私募公司债

9. 公司名称中不必含有的因素是 （　　）

    A. 公司类别

    B. 公司规模

    C. 公司注册机关所在地的行政区划

    D. 公司所属行业或经营特点

10. 下列关于董事会的说法中，不正确的是 （　　）

    A. 董事会是有限责任公司的经营决策和业务执行机构，是公司的常设机构

    B. 有限责任公司无论规模大小，都应当设董事会

    C. 董事可以是自然人，也可以是法人

    D. 董事任期不得超过 3 年，但可以连选连任

11. 在非破产程序清算中，有限责任公司的清算组组成人员是 （　　）

    A. 股东   B. 董事会成员

    C. 监事会成员   D. 股东大会确定的人员

12. 有限责任公司成立后，应当向股东签发出资证明书。出资证明书应当载明的事项不包括 （　　）

    A. 公司名称   B. 公司住所

    C. 公司注册资本   D. 股东姓名及出资额

13. 下列关于一人有限责任公司的说法中，正确的是 （　　）

    A. 一人有限责任公司只能由自然人设立

    B. 一个自然人可以设立 2 个或者 2 个以上的一人有限责任公司

    C. 一人有限责任公司不须制定公司章程

    D. 一人有限责任公司不设股东会

14. 根据我国《证券法》的规定，上市公司向国务院证券监督管理机构和证券交易所报送年度报告的时间是 （　　）

    A. 每一会计年度年初

    B. 每一会计年度年中

C. 每一会计季度开始之日起 1 个月内

D. 每一会计季度结束之日起 4 个月内

15. 公司是具有独立的法人财产，享有法人财产权并以其全部财产对其债务承担责任的　　　　　　　　　　　　　　　　　　　　　　　　　（　）

　　A. 法人　　　　　　　　　　　　B. 企业法人

　　C. 组织　　　　　　　　　　　　D. 社会团体

16. 公司监事会主席产生的方式是　　　　　　　　　　　　　　（　）

　　A. 股东会选举产生　　　　　　　B. 董事会选举产生

　　C. 职工大会选举产生　　　　　　D. 全体监事选举产生

17. 国有独资公司的组织机构为　　　　　　　　　　　　　　　（　）

　　A. 董事会 监事会

　　B. 股东会 执行董事 监事会

　　C. 股东会 董事会 监事会

　　D. 股东会 执行董事 监事会

18. 国有独资公司的董事长、副董事长的产生方式是　　　　　　（　）

　　A. 由国有资产管理委员会委任

　　B. 由公司董事会选举

　　C. 由公司职工代表选举

　　D. 由国有资产监督管理机构或部门在董事会成员中指定

19. 根据股东享有股权内容的不同，股份可分为　　　　　　　　（　）

　　A. 面额股 无面额股　　　　　　B. 普通股 优先股

　　C. 记名股 无记名股　　　　　　D. 表决权股 无表权股

20. 股份有限公司必设监事会，其成员不得少于　　　　　　　　（　）

　　A. 3 人　　　　　　　　　　　　B. 4 人

　　C. 5 人　　　　　　　　　　　　D. 10 人

21. 下列有关股份有限公司股份发行和转让的表述，错误的是　　（　）

　　A. 股份的转让价格可以低于股票票面金额

　　B. 股份发行价可以低于股票票面金额

　　C. 股份发行的原则是同股同权，同股同额

　　D. 发起人持有的本公司股份，自公司成立之日起一年内可以转让

22. 根据我国《公司法》规定，下列表述正确的是　　　　　　　（　）

　　A. 股东人数较少或者规模较小的有限责任公司不设监事会

　　B. 一人有限责任公司不设股东会

　　C. 国有独资公司的董事长由董事会选举产生

　　D. 股份有限公司的董事会成员必须有公司职工代表

23. 下列不属于有限责任公司股东名册记载事项的是 （　　）

    A. 股东的姓名或者名称及住所   B. 股东的出资额

    C. 股东的出资日期   D. 出资证明书编号

24. 股份有限公司的董事、监事、高级管理人员应当向公司申报持有的本公司的股份及其变动情况，在任职期间每年转让的股份不得超过其所持有本公司股份总数的 （　　）

    A. 10%   B. 25%

    C. 35%   D. 50%

25. 公司清算结束后，向公司登记机关申请公司注销登记的主体是 （　　）

    A. 股东会   B. 董事会

    C. 清算组   D. 董事长

26. 下列不属于公司法特征的是 （　　）

    A. 公司法是组织法与行为法的结合

    B. 公司法是强行法和任意法的结合

    C. 公司法属于实体法

    D. 公司法属于程序法

27. 公司的成立日期是 （　　）

    A. 营业执照签发日   B. 收到营业执照之日

    C. 公司章程通过日   D. 公司开业之日

28. 下列不属于公司资本三原则的是 （　　）

    A. 资本维持原则   B. 资本不变原则

    C. 资本确定原则   D. 资本增减原则

29. 下列关于有限责任公司的表述正确的是 （　　）

    A. 一人有限责任公司可以不设股东会

    B. 有限责任公司人数较少或者规模较小的，也应设董事会

    C. 有限责任公司的股东会对外代表公司，对内处理日常事务

    D. 有限责任公司的董事不得超过 5 年，但可连选连任

30. 股份有限公司的权力机构是 （　　）

    A. 股东大会   B. 监事会

    C. 董事会   D. 职代会

31. 有限责任公司最高权力机关是 （　　）

    A. 股东会   B. 董事会

    C. 经理   D. 监事会

32. 有限责任公司的经营决策和业务执行机构是 （　　）

    A. 股东会   B. 董事会

    C. 经理   D. 监事会

33. 根据我国《公司法》的规定，有限责任公司的股东最高人数限制为

（　　）

    A. 20 人   B. 30 人

    C. 40 人   D. 50 人

34. 下列属于股东会职权的是   （　　）

    A. 修改公司章程

    B. 主持公司的日常经营管理工作

    C. 制定公司具体规章

    D. 制订公司年度财务预、决算方案

35. 国有独资公司董事会每届任期为   （　　）

    A. 1 年   B. 2 年

    C. 3 年   D. 5 年

36. 国有独资公司监事会中，职工代表不低于   （　　）

    A. 1/3   B. 2/3

    C. 1/4   D. 半数

37. 根据我国《公司法》的规定，股份有限公司的设立方式包括 （　　）

    A. 发起设立　募集设立

    B. 发起设立　新设设立

    C. 募集设立　新设设立

    D. 发起设立　吸收设立

38. 股份的表现形式是   （　　）

    A. 股票   B. 股权

    C. 债权   D. 债务

39. 对于募集设立，股份有限公司的股本分别由发起人认缴和社会公开募集，其中发起人认购股份不少于公司股份总数的 （　　）

    A. 15%   B. 25%

    C. 35%   D. 50%

40. 根据我国《公司法》第一百二十六条的规定，股份的发行，实行的原则是

（　　）

    A. 公开　公平   B. 公平　公正

    C. 平等　公开   D. 互惠　平等

41. 国有独资公司、有限责任公司、股份有限公司的监事会中职工代表的比例不得低于 （　　）

    A. 1/3   B. 2/3

    C. 1/4   D. 半数

42. 根据我国《公司法》规定，国有独资公司不设 （ ）
    A. 股东会 　　　　　　　　　　　B. 董事会
    C. 监事会 　　　　　　　　　　　D. 经理

43. 有限责任公司董事会由多少名董事构成？ （ ）
    A. 3~10 名奇数 　　　　　　　　B. 2~10 名奇偶数
    C. 3~13 名奇数 　　　　　　　　D. 5~19 名奇数

44. 根据我国《公司法》规定，上市公司在一年内购买、出售重大资产或者担保金额超过公司资产总额多少的，应当由股东大会作出决议，并经出席会议的股东所持表决权的 2/3 以上通过？ （ ）
    A. 10% 　　　　　　　　　　　　B. 20%
    C. 30% 　　　　　　　　　　　　D. 40%

45. 上市公司的独立董事，其任职时间不得超过 （ ）
    A. 3 年 　　　　　　　　　　　　B. 5 年
    C. 6 年 　　　　　　　　　　　　D. 8 年

46. 上市公司的董事会秘书由 （ ）
    A. 董事长提名，经董事会聘任或者解聘
    B. 股东会表决、聘任或者解聘
    C. 董事会直接聘任或者解聘
    D. 职代会选举产生

47. 根据我国《公司法》规定，上市公司在一年内购买、出售重大资产或者担保金额超过公司资产总额 30% 的，应当由股东大会作出决议，并经出席会议的多少以上通过？ （ ）
    A. 1/3 　　　　　　　　　　　　B. 2/3
    C. 1/4 　　　　　　　　　　　　D. 半数

48. 我国法律规定，公司成立时间为 （ ）
    A. 公司登记机关受理登记申请之日
    B. 公司登记机关签发《企业法人营业执照》之日
    C. 申请人收到《企业法人营业执照》之日
    D. 公司成立公告发布之日年度财务预、决算方案

49. 有限责任公司董事会依法行使的职权是 （ ）
    A. 实施公司的经营方针和投资方案
    B. 制订公司利润分配方案和弥补亏损方案
    C. 审议、批准公司的对发行公司债务作出决议
    D. 修改公司章程

50. 公司清算结束后，向公司登记机关申请公司注销登记的主体是 （ ）
    A. 股东会 　　　　　　　　　　　B. 董事会

C. 清算组　　　　　　　　　　　　D. 董事长

51. 根据我国《证券法》的规定，股份有限公司申请股票上市交易，公司股本总额不少于人民币　　　　　　　　　　　　　　　　　　　（　　）

　　A. 1 000 万元　　　　　　　　　B. 2 000 万元

　　C. 3 000 万元　　　　　　　　　D. 5 000 万元

52. 根据我国《公司法》规定，股份公司股东会所做出的决议，必须经出席会议的股东三分之二以上表决权通过的是　　　　　　　　　　（　　）

　　A. 审议批准董事会的报告　　　　B. 审议批准监事会的报告

　　C. 决定公司的经营方针或投资计划　D. 增加公司的注册资本

53. 依法享有公司年度财务预、决算方案审议、批准权的机构是　（　　）

　　A. 股东会　　　　　　　　　　　B. 董事会

　　C. 监事会　　　　　　　　　　　D. 职代会

54. 关于国有独资公司的组织机构，下列说法正确的有　　　（　　）

　　A. 董事和经理不得在经营同类业务的公司中兼职

　　B. 董事和经理不得在其他公司中兼职

　　C. 董事会成员中应有职工代表

　　D. 董事会成员不得少于 3 人

55. 股份有限公司合并、分立的决议必须经　　　　　　　　（　　）

　　A. 全体股东所持表决权的过半数通过

　　B. 全体股东所持表决权的 2/3 通过

　　C. 出席会议股东所持表决权的过半数通过

　　D. 出席会议股东所持表决权的 2/3 通过

56. 根据我国《公司法》规定，股份有限公司的解散必须经　（　　）

　　A. 全体股东所持表决权的过半数通过

　　B. 全体股东所持表决权的 2/3 通过

　　C. 出席会议股东所持表决权的过半数通过

　　D. 出席会议股东所持表决权的 2/3 通过

57. 根据我国《公司法》的规定，股份有限公司董事会会议可以召开的条件是
　　　　　　　　　　　　　　　　　　　　　　　　　　　　（　　）

　　A. 有过半数的董事出席　　　　　B. 有 2/3 的董事出席

　　C. 全体董事出席　　　　　　　　D. 按照公司章程规定的人数出席时

58. 根据我国《公司法》的规定，有限责任公司的股东出资方式不包括
　　　　　　　　　　　　　　　　　　　　　　　　　　　　（　　）

　　A. 知识产权　　　　　　　　　　B. 土地使用权

　　C. 实物　　　　　　　　　　　　D. 劳务

59. 英华酒店管理股份有限公司的管理层对董事会议事规则有不同理解，下列说法正确的有　　　　　　　　　　　　　　（　　）

　　A. 董事会会议应有 2/3 的董事出席方可举行

　　B. 董事会，所做出的决议必须经全体董事的过半数通过

　　C. 在董事会成员为偶数是时，经股东会同意，董事长一人可以有两票的权利

　　D. 董事会会议应每年召开一次

二、多项选择题

1. 公司法的特征有　　　　　　　　　　　　　　　　　　　　（　　）

　　A. 是组织法与行为法的结合

　　B. 是兼具私法属性的公法

　　C. 是兼具公法属性的私法

　　D. 是兼具实体法律内容的程序法

　　E. 是兼具程序法律内容的实体法

2. 设立有限责任公司应具备的条件是　　　　　　　　　　　　（　　）

　　A. 股东符合法定人数和法定资格

　　B. 股东出资达到法定最低限额

　　C. 有公司名称，建立符合有限责任公司要求的组织机构

　　D. 股东共同制定公司章程

　　E. 有公司住所

3. 我国《公司法》规定的公司合并方式有　　　　　　　　　　（　　）

　　A. 吸收合并　　　　　　　　　　B. 解散合并

　　C. 新设合并　　　　　　　　　　D. 注销合并

　　E. 共存合并

4. 下列关于股份有限公司董事会会议的召集，说法正确的有　　（　　）

　　A. 每年度至少召开一次会议

　　B. 每次会议应当于会议召开 10 日前通知全体董事和监事

　　C. 代表 1/10 以上表决权的股东可以提议召开董事会临时会议

　　D. 1/3 以上的董事可以提议召开董事会临时会议

　　E. 监事会可以提议召开董事会临时会议

5. 根据我国《公司法》的规定，下列哪些事项需要由出席会议股东 2/3 表决权通过？　　　　　　　　　　　　　　　　　　　　（　　）

　　A. 修改公司章程　　　　　　　　B. 公司合并、分立

　　C. 公司为股东提供担保　　　　　D. 增加公司注册资本

E. 变更公司形式

6. 有限责任公司监事会的法定职权有　　　　　　　　　　　　（　　）

  A. 检查公司财务

  B. 对董事、高级管理人员执行公司职务的行为进行监督

  C. 在董事会不履行召集和主持股东会会议职责时召集和主持股东会会议

  D. 对违反法律、行政法规的董事或高级管理人员提出罢免建议

  E. 公司章程规定的其他职权

7. 在公司的发展史中及各国公司规定，公司设立的方式和原则主要有

                                                  （　　）

  A. 特权主义　　　　　　　　　B. 自由主义

  C. 特许主义　　　　　　　　　D. 核准主义

  E. 准则主义

8. 下列属于有限责任公司董事会职权的有　　　　　　　　　　（　　）

  A. 召集股东会会议，并向股东会报告工作

  B. 制订公司年度财务预、决算方案

  C. 修改公司章程

  D. 决定公司年度经营计划和投资方案

  E. 决定公司内部管理机构的设置

9. 下列关于一人有限责任公司和国有独资公司的表述，正确的有　（　　）

  A. 一人有限责任公司的注册资本最低限额为200万元

  B. 国有独资公司和一人有限责任公司都可以不设股东会

  C. 国有独资公司和一人有限责任公司的股东只有一个

  D. 国有独资公司和一人有限责任公司都可以设立股东会

  E. 国有独资公司的董事会可以设董事长、副董事长

10. 符合股份有限公司设立条件的有　　　　　　　　　　　　　（　　）

  A. 发起人应有2人以上200人以下，且过半数的发起人在中国境内有住所

  B. 外商投资的股份有限公司注册资本的最低限额为人民币1 000万元

  C. 发起人制定公司章程、采用募集方式设立的，经创立大会通过

  D. 股份发行，公司筹办事项符合法律规定

  E. 有公司名称和符合股份有限公司要求的组织机构和住所

11. 下列各项中，属于公司章程中的绝对必要事项的有　　　　　（　　）

  A. 董事长姓名　　　　　　　　B. 公司名称

  C. 营业范围　　　　　　　　　D. 资本总额

  E. 公司所在地

12. 有下列哪些情况时，股份有限公司应当在两个月内召开临时股东大会？

                                                  （　　）

    A. 董事人数不足公司章程所定人数的 2/3 时

    B. 公司未弥补亏损达实收股本总额 1/3 时

    C. 单独或者合计持有公司 10% 以上股份的股东请求时

    D. 董事长认为必要时

    E. 职代会提议时

13. 根据我国《证券法》的规定，上市公司信息披露的具体内容主要包括

                                               （　　）

    A. 招股说明书   B. 上市报告书

    C. 中期报告   D. 年度报告

    E. 临时报告

14. 根据我国《公司法》的规定，不得担任公司的董事、监事和高级管理人员的情形有   （　　）

    A. 无民事行为能力人或者限制民事行为能力人

    B. 因贪污被判处刑罚，执行期满未逾 5 年

    C. 担任破产清算公司的董事长，自该公司破产清算完结之日起未逾 3 年

    D. 担任因违法被吊销营业执照公司的法定代表人，自该公司被吊销营业执照之日起未逾 3 年

    E. 个人所负数额较大的债务到期未清偿

15. 有限责任公司的出资形式包括   （　　）

    A. 现金   B. 实物

    C. 劳务   D. 知识产权

    E. 信用

16. 作为金凤凰电子科技有限公司的股东，孙强认为，他应当遵守的义务有

                                               （　　）

    A. 遵守公司章程   B. 参加股东会会议

    C. 缴纳出资   D. 不得抽逃出资

    E. 保守公司商业秘密

17. 下列关于公司合并的说法正确的有   （　　）

    A. 公司合并可以采取新设合并和吸收合并两种方式

    B. A 公司与 B 公司合并后成立 C 公司属于新设合并

    C. 公司应当自作出合并决议之日起 10 日内通知债权人，并于 30 日内在报纸上公告

    D. 公司合并时，合并各方的债权债务，应当由合并后存续的公司或新设公司承揽

    E. 有限责任公司的合并应由代表 2/3 以上所持表决权的股东通过

18. 下列关于国有独资公司组织机构的表述，正确的有 （　　）
    A. 国有独资公司董事会中的职工代表由公司职工民主选举产生
    B. 国有独资公司不设股东会
    C. 国有独资公司董事会中的职工代表由国有资产监督管理机构委派
    D. 国有独资公司设立董事会，董事每届任期不得超过3年
    E. 国有独资公司的董事会成员由国有资产监督管理机构委派

19. 甲与乙拟设立四川金山贸易有限责任公司，则该公司必须具备的基本条件有 （　　）
    A. 发起人为甲与乙
    B. 依法制定公司章程
    C. 依法确定公司住所
    D. 依法进行公司名称的预先核准的登记
    E. 依法进行设立登记

20. 国有独资公司监事会由以下哪些人员组成？ （　　）
    A. 国务院委派的人员
    B. 职工代表
    C. 国有资产监督管理机构委派的人员
    D. 公司总经理
    E. 公司董事长

三、简答题

1. 简述公司的概念和特征。

2. 试述公司法及其特征。

3. 简述股份有限公司的设立条件。

4. 简述公司债券与公司股票的区别。

5. 简述有限责任公司股东的义务。

6. 简述公司章程的法定性的表现。

7. 简述董事的忠实义务有哪些。

8. 简述股票的特征。

四、论述题

1. 论我国《公司法》的资本三原则。

2. 论公司章程的作用及其法定性。

3. 试述有限责任公司股东会、董事会、监事会之间的关系。

五、案例题

1. 赵某、钱某、孙某于 2009 年 8 月出资设立甲有限责任公司。2010 年 5 月，该公司又吸收李某入股。2011 年 10 月，该公司因经营不善造成严重亏损，拖欠巨额债务，被依法宣告破产。人民法院在清算中查明：赵某在公司设立时作为出资的机器设备，其实际价额为 80 万元，显著低于公司章程所定价额 200 万元；赵某的个人财产仅为 30 万元。

根据上述材料，回答下列问题：

（1）对于股东赵某出资不实的行为，在公司内部应承担何种法律责任？

（2）当甲公司被宣告破产时，对赵某出资不实的问题应如何处理？

（3）对赵某出资不足的问题，股东李某是否应对其承担连带责任？并说明理由。

2. 甲有限责任公司从事装潢设计，乙有限责任公司从事来料加工。乙公司有股东 3 人，其中孙某持股 30%，赵某持股 15%，于某持股 55%。乙公司召开股东会议，决定与甲公司合并为丙公司，表决时赵某和于某同意，孙某不同意。

根据上述材料，回答下列问题：

（1）甲乙公司合并属于何种合并形式？

（2）乙公司股东会的合并决议是否合法？为什么？

（3）乙公司原债权人可否向丙公司主张债权？为什么？

3. 樱花科技有限责任公司是由张某出资 20 万元人民币和李某出资 10 万元人民币依法设立的，张某任公司董事长和总经理。经营满一个会计年度后，在缴纳所得税后盈利 9 万元人民币，张某便命令会计支付给自己 8 万元人民币、支付给李某 4 万元，会计照办。

根据上述材料，回答下列问题：

该分配行为在哪些方面不符合我国《公司法》的规定？为什么？应该如何处理？

4. A、B、C 三家国有企业于 2008 年 8 月末拟共同出资组建甲有限责任公司时，三方约定 A 以厂房、设备出资；B 以其商标权出资，但不办理商标权过户登记；C 以现金出资；公司董事会由 5 名董事组成，分别由三方指派。后经依法调整该约定，甲公司于 2008 年 10 月正式成立。2010 年 5 月 C 股东将其持有的 25% 的股权转让给乙公司，但该转让未经 A、B 两位股东同意。

根据以上内容，分析回答下列问题：

（1）甲公司成立前 A、B、C 三方的约定有无不合法之处？如有，请指出，并说明理由。

（2）C 股东转让股权是否有效？说明理由。

5. 2015 年 3 月，甲食品有限公司与乙饮料厂在成都共同发起设立成都爽饮矿泉水有限责任公司（以下简称爽饮公司），双方共同制订公司章程，并签名、盖章。在公司设立登记时，双方共同委托兴达律师事务所律师王某、赵某为其代理人，负责公司设立事项。后经工商行政管理部门审查核准，爽饮公司注册成立。

根据上述材料，回答下列问题：

（1）爽饮公司的设立发起人是谁？

（2）如果在公司注册成立后，乙厂未缴足出资额，则发起人承担什么责任？该责任性质如何？

（3）在实施设立行为时，如果发起人在实施设立事务范围内对第三人造成损害，则损害赔偿责任如何承担？如果发起人违反法律规定致第三人损害，则损害赔偿责任如何承担？

6. 蒋某与刘某均为中国公民，双方经过协商，在 2006 年 1 月 2 日提出一套公司设立方案：由二人出资成立北京新天商贸有限责任公司（以下简称"新天公司"），从事家用小电器销售；鉴于新天公司规模较小，只设一名执行董事，由刘某担任，同时刘某兼任该公司监事；2006 年 1 月 14 日新天公司聘请蒋某的姨父张某担任公司经理（张某此前曾任 A 公司董事长，由于张某玩忽职守、经营不善，导致 A 公司于 2004 年 10 月 20 日被人民法院宣布破产，破产清算于 2005 年 3 月 8 日完结）。该设立方案经过修改后，于 2006 年 2 月 1 日登记成立了新天公司。

2006 年 3 月 5 日，新天公司与 K 公司签订了电风扇买卖合同，合同约定新天公司在 2006 年 3 月 10 日向 K 公司支付 4 万元的电风扇价款，但新天公司在支付价款之前，又与 M 公司签订了债务转让合同，该合同约定由 M 公司来承担向 K 公司支付 4 万元电风扇价款的义务，新天公司在签订该债务转让合同后，将这一债务转让事项通知了 K 公司。

同年 8 月，新天公司在向消费者马某销售电风扇时，在电风扇质量介绍方面有严重欺诈行为，以致马某购买电风扇后在使用过程中遭受 2 万元的财产损失。

根据上述材料，回答下列问题：

（1）新天公司原设立方案有哪些地方不符合我国《公司法》的规定？为什么？

（2）依据我国现行《合同法》，新天公司与 M 公司签订的债务转让合同是否有效？为什么？

（3）本案中，消费者马某依据我国《消费者权益保护法》，要求新天公司增加赔偿使用电风扇时所遭受到的损失，增加赔偿的金额应该如何确定？为什么？

7. 茂发公司等 3 家发起人决定向社会以公开募集的方式设立以塑料制品生产为主要经营范围的大业股份有限公司，注册资本 1 亿元。其中茂发公司以房产出资，但未办理房产房转移手续。

根据上述材料，回答下列问题：

（1）茂发公司的行为是否合法？

（2）三家发起人认购的股份不得少于多少？

（3）茂发公司等发起人向社会募集股份，其中50%为无记名股，其制作的招股说明书应包括什么内容？

8. 甲公司为国有独资公司，乙公司为甲公司独资设立的子公司，2015年，甲公司出资70%、乙公司出资30%，投资创办了丙有限责任公司，甲公司的总经理王某任丙公司的董事长及总经理。

根据上述材料，回答下列问题：

（1）如果乙公司对外负债100余万元无力偿还，而该债务是在甲公司决策、指示下以乙公司名义进行贸易造成的，甲公司对此债务的责任应如何判定？

（2）如果甲公司持本公司关于解除王某董事长职务、任命张某为丙公司董事长的董事会决议，到工商管理机关申请办理丙公司法定代表人的变更登记，工商管理机关应如何处理？

（3）如果王某代表丙公司做出一项投资决策，结果导致丙公司损失50余万元，该损失应由谁承担？

9. 2015 年 6 月 7 日，中国某商业银行与红光仪器公司签订一份借款合同，约定红光仪器公司向中国某商业银行借款 50 万元，期限为合同签订之日起 6 个月。中国某商业银行按约向红光仪器公司发放贷款 50 万元。贷款到期，红光仪器公司未履行还款义务。另查明，2015 年 10 月 20 日，红光仪器公司的股东会作出决议，将红光仪器公司的医疗器械车间分立出去，成立康明医疗器械公司，注册资本为人民币 50 万元。

根据上述材料，回答下列问题：

中国某商业银行应如何在最大程度上维护自己的合法权益？（请说明理由）

10. 甲、乙、丙、丁四人于 2005 年共同出资设立了 A 有限责任公司。甲任董事长，乙和丙任董事，丁任监事。因市场情况发生重大变化，2005 年 3 月 20 日，股东会决议解散公司。同年 4 月 10 日，董事会召开会议，决定由甲、乙、丙三个董事会成员组成清算组。丁虽对此不满，但因其出资数额较少，也就未认真计较。清算组成立后开始清算。清算中，清算组发现，A 公司与 B 公司在 2005 年 1 月，曾订立一买卖合同，该合同约定 2005 年 5 月下旬由 A 公司到 B 公司付款提货；任何方违约，应向对方支付违约金 5 万元。考虑到公司经营活动已停止，清算组决定并通知 B 公司解除买卖合同。B 公司要求 A 公司支付违约金，清算组未予理会，并于 2005 年 6 月 20 日办理完公司注销登记手续。B 公司向人民法院起诉，要求甲、乙、丙、丁赔偿人民币 5 万元。

根据上述材料，回答下列问题：

（1）本案中清算组的组成是否合法？为什么？

（2）清算组是否有权解除 A 公司与 B 公司的买卖合同关系？为什么？

（3）B 公司的诉讼请求应如何处理？为什么？

11. A 有限责任公司由甲、乙、丙、丁四个自然人股东投资设立。甲为公司董事长，乙为公司董事，丙为公司董事兼总经理，丁为公司监事。2015 年 5 月公司发生重大亏损，于是该公司准备召开临时股东会会议。

根据上述材料，回答下列问题：

（1）根据我国《公司法》的规定，该公司谁有权召集临时股东会议？

（2）如果公司董事长甲不召集或不能召集，那么该会议该由谁主持？

12. A 企业为国家授权投资的机构出资设立的有限责任公司。公司因无股东会，由董事会行使股东会的部分职权。董事会成员有 4 人，全部是国家投资机构任命的干部，无一职工代表，董事长宁某还兼任另一有限公司的负责人。该企业于 2000 年 12 月设立一子公司，该公司在深圳，为一有限责任公司。企业对此子公司投资 1 000 万元，该子公司自有国有资产 2 000 万元，加上公司投资全部资产为

3 000 万元。在某一大型投资活动中，该子公司投入资金 2 000 万元，还有从银行的贷款 1 000 万元。由于投资决策失误，该子公司血本无回。3 000 万元全部亏损，被宣告破产。

根据上述材料，回答下列问题：

该国有独资公司董事会的组成在哪些方面违反了公司法的规定？

13. 2010 年，由于市场变化以及公司经营不善，G 市煤炭股份有限公司不能弥补亏损达股本 30%。公司董事长鲍钰嘉决定召开临时股东大会。3 月 30 日发出通知：4 月 10 日召开股东大会，讨论解决公司亏损问题，请公司持股前 10 名的大股东参加会议。4 月 10 日，会议如期举行。会议议程为：①讨论公司亏损问题；②聘任一名独立董事问题。

最后，股东大会认为，继续经营公司利小弊大，占出席会议股东表决权 65% 的 7 名股东同意解散公司。后小股东知道信息，以大股东侵犯其权益为由，起诉于法院。

试用所学知识分析该煤炭股份公司股东大会中存在的问题。

14. 甲、乙在 2004 年设立 A 有限责任公司。2006 年 2 月 10 日甲、乙与丙、丁达成股权转让协议。该协议主要内容为：

（1）丙、丁以 80 万元人民币收购甲、乙持有 A 公司的全部股份。

（2）股权转让手续由丙、丁办理，甲、乙予以协助。

（3）A 有限责任公司在 2006 年 2 月 10 日之前对外所负债务由甲、乙承担。

根据上述材料，回答下列问题：

（1）甲、乙与丙、丁签订的股权转让协议中有关 A 公司债务的约定是否有效？

（2）甲、乙与丙、丁签订的股权转让协议，在工商登记之前是否已经生效？

（3）如果丙、丁受让甲、乙股权之后，发现 A 有限责任公司实际资产仅为 50 万元人民币，而对外债务为 70 万元人民币，丙、丁是否要承担差额部分的债务？（不考虑甲乙与丙丁有关债务偿还条款）

（4）A 有限责任公司的对外 70 万元人民币债务该如何解决？

15. 2015 年 10 月，甲、乙、丙发起设立 A 有限责任公司。该公司的注册资本额为 50 万元人民币，其中，甲以现金人民币 4 万元出资，乙以现金人民币 16 万元出资，丙以实物作价人民币 30 万元出资。公司设立董事会，乙为董事长、甲为副董事长；公司不设立监事会，丙为公司监事。

根据上述材料，回答下列问题：

（1）A 公司股东货币出资是否符合公司法规定？说明理由。

（2）A 公司不设监事会是否合法？说明理由。

（3）A 公司首次股东会议应当由谁召集和主持？说明理由。

（4）A 公司的三名股东谁有权单独提议召开临时股东会议？说明理由。

16．李某是一家上市公司的董事会秘书，一次在协助董事会制订公司利润分配方案时得知公司计划高额分配股利。李某便将此情况告知其大学同学赵某，建议赵某大量购进该公司股票，所获利润李某分 30%，赵某同意，随即大量买进该公司股票。公司公布其利润分配方案时，股票价格大涨，赵某遂将所购买的该公司股票全部卖出，获利 500 余万元人民币，并分给李某 150 万元。

根据上述材料，回答下列问题：

（1）如何认定李某和赵某的行为？请说明理由。

（2）李某和赵某应承担法律责任吗？为什么？

17. 2015 年某大型钢铁企业经批准改制为 A 国有独资公司。因该公司未设股东会，经国有资产监督管理机构授权，公司董事会行使股东会的部分职权。公司董事会一共 7 名成员，均由国有资产监督管理机构从另一大型钢铁企业调派，公司董事长为刘某。2007 年 4 月，刘某的朋友王某投资开办了一家从事服装贸易的 B 有限责任公司，王某邀请刘某担任 B 公司的总经理。刘某向 A 公司董事会汇报了此事。A 公司董事会为此开会表决，除刘某在内的 6 名董事与会，一致同意刘某担任 B 公司的总经理。2007 年 6 月，因 A 公司方某患病，董事会遂任命董事张某为公司总经理。

根据上述材料，回答下列问题：

（1）A 公司董事会的组成是否合法？为什么？

（2）刘某担任 B 公司的总经理是否符合规定？为什么？

（3）张某担任 A 公司的总经理是否符合规定？为什么？

参考答案

一、多项选择题

1. C	2. C	3. A	4. D	5. A	6. D	7. D	8. C	9. B
10. B	11. A	12. B	13. D	14. D	15. B	16. D	17. A	18. D
19. B	20. A	21. B	22. B	23. C	24. C	25. A	26. D	27. A
28. D	29. A	30. A	31. A	32. B	33. D	34. A	35. C	36. A
37. A	38. A	39. C	40. B	41. A	42. A	43. C	44. C	45. C

46. A　　47. B　　48. B　　49. B　　50. C　　51. C　　52. D　　53. A　　54. C

55. D　　56. D　　57. A　　58. D　　59. B

二、多项选择题

1. ACE　　　　2. ACDE　　　3. AC　　　4. BCDE　　5. ABDE　　6. ABCDE

7. BCDE　　　8. ABDE　　　9. BCE　　10. ACDE　　11. BCDE　　12. ABCD

13. ABCDE　14. ABCDE　15. ABD　　16. ACD　　17. ABCDE　18. ABDE

19. ABCDE　20. BC

三、简答题

1. 答：公司是具有独立的法人财产，享有法人财产权并以其全部财产对其债务承担责任的企业法人。公司具有以下法律特征：

（1）依法设立。

（2）具有独立的法人财产，享有法人财产所有权。

（3）以其全部财产对其债务承担责任。

（4）公司是企业法人。

2. 答：公司法是调整公司的组织和行为及其他对内对外法律规范的总称。公司法具有以特征：

（1）公司法是组织法与行为法的结合；

（2）公司法是兼具公法属性的私法；

（3）公司法是兼具程序法律内容的实体法。

3. 答：根据我国《公司法》第七十六条的规定，设立股份有限公司，应当具备以下条件：

（1）发起人符合法定人数，应当有 2 人以上 200 人以下发起人，其中须有半数以上的发起人在中国境内有住所。

（2）有符合公司章程规定的全体发起人认购的股本总额或者募集的实收股本总额。

（3）股份发行、筹办事项符合法律规定。

（4）发起人制定公司章程，采用募集方式设立的经创立大会通过。

（5）有公司名称，建立符合股份有限公司要求的组织机构。

（6）由公司住所。

4. 答：（1）公司债券只能在公司成立后发行，而公司股票在公司成立前和成立后均可发行。

（2）公司债券到期应还本付息，公司股票不存在还本付息的问题。

（3）在公司解散时，公司债券持有人一般有优于公司股东的权利。

5. 答：（1）缴纳所认缴的出资。

（2）遵守公司章程。

（3）以其缴纳的出资为限对公司承担责任。

（4）在公司核准登记后，不得抽逃出资。

（5）对公司其他股东的诚信义务等。

6. 答：（1）内容的法定性。公司章程的内容虽然可分为绝对记载事项、相对记载事项和任意记载事项，但公司章程的内容主要为绝对记载事项，绝对记载事项是由法律直接规定的。

（2）形式的法定性。公司章程必须采用书面形式。

（3）修改程序的法定性。公司章程的修改必须基于公司法规定的事由和法定程序，公司章程修改后必须及时办理变更登记手续，否则不得对抗善意第三人，同时，公司负责人应受处罚。

（4）效力的法定性。公司章程是公司的纲领性文件，对公司、股东、董事、监事、高级管理人员具有约束力。

7. 答：忠实义务是指公司的董事、监事、高级管理人员应当忠实履行职责，维护公司利益。具体要求包括：

（1）不得利用自己的身份不当受益。

（2）不得擅自利用或处置公司财产。

（3）自我交易的规制。

（4）与公司间不正当竞争的规制。

（5）不得泄露公司秘密。

8. 答：股票的特征是：

（1）股票是有价证券，股票是股份的表现形式；

（2）股票是流通证券，股票可以转让和流通，也是股份有限公司与有责任公司的区别；

（3）股票是要式证券，其形式、制作程序、记载事项、记载方式、均应符合法律的要求。

四、论述题

1. 答：为了使公司拥有、维持其从事生产经营活动所必要的资本，公司法上形成了一系列相关规定，学理上称为公司资本"三原则"，即资本确定原则、资本维持原则和资本不变原则。

（1）资本确定原则，又称法定资本制，是指在公司设立时，必须在章程中确定资本总额，且应认足或募足甚至缴足，其目的是使公司成立有相当的财产基础。我国《公司法》保留了资本确定原则的相应规定：①有限责任公司发起人或股东虽采用资本认缴登记制，但公司的注册资本仍需在公司成立时一次性发行完毕；②募集设立的股份有限公司必须在公司设立时一次性发行全部股份，并予以实际缴纳股款；③股东对非货币形式的出资必须承担出资差额的填补责任。

（2）资本维持原则是指公司成立后应当维持与其注册资本相当的资产，以保护债权人的利益和交易安全。我国《公司法》的资本维持原则主要体现为：①公司成立后，股东不得抽回投资；②发起人用于抵作股款的财产不得高估；③股票发行的价格不得低于股票的票面金额；④公司原则上不得收购自己发行的股票，也不得接受用本公司股票进行的质押；⑤公司分配当年税后利润应提取10%列入公司法定公积金；⑥公司弥补亏损之前，不得向股东分配股利。

（3）资本不变原则是指公司资本总额非经法定程序，不得任意减少或增加，以维护股东和债权人的利益。

2. 答：公司章程是规定公司组织和行为的基本规则的重要文件，是由公司股东或发起人依法制定的。公司章程的作用在于：

（1）公司章程是公司设立的行为要件，依据我国《公司法》第十一条的规定，设立公司必须依法制定公司章程。

（2）公司章程是指导公司行为的基本规范。依据《公司法》第十一条的规定，公司章程对公司、股东、董事、监事、高级管理人员具有约束力。

（3）公司章程是公司向其成员表明信用或向外表明商誉的证明，公司章程的公开性有利于公司成员和社会公众了解公司的性质等情况，有利于社会公众与公司进行交易。

（4）公司章程是政府对公司进行管理的重要依据。公司章程具有法定性，其表现为：

①内容的法定性。公司章程的内容虽然可分为绝对记载事项、相对记载事项和任意记载事项，但公司章程的内容主要为绝对记载事项，绝对记载事项是由法律直接规定的。

②形式的法定性。公司章程必须采用书面形式。

③修改程序的法定性。公司章程的修改必须基于公司法规定的事由和法定程序，公司章程修改后必须及时办理变更登记手续，否则不得对抗善意第三人，同时，公司负责人应受处罚。

④效力的法定性。公司章程是公司的纲领性文件，对公司、股东、董事、监事、高级管理人员具有约束力。

3. 答：股东会是有限责任公司全体股东组成的公司最高权力机关。有权选举或更换董事、监事，决定其报酬，有权审批董事会、监事会报告。

董事会是由股东会选举产生的行使公司经营管理权的执行机关。

董事会是公司的常设机关。董事会是公司的经营决策机关，根据股东会的决议，作出具体的生产经营决策。董事会是公司的业务执行机关，负责实施和执行股东会的决议，领导公司日常经营工作。董事会是公司的对外代表机关。

董事会对股东会负责，负责召开股东会，向股东会报告工作，执行股东会决议。监事会是对公司生产经营业务活动进行监督和检查的常设机构。由股东会选举产生，有权监督董事，有权列席董事会会议，对股东会负责。

五、案例题

1. 答：（1）赵某应承担违约责任。根据我国《公司法》规定，股东不按规定缴纳所认缴的出资，应当向已足额缴纳出资的股东承担违约责任。

（2）赵某应补足 120 万元出资额，补足部分计入破产财产。根据我国《公司法》的规定，破产企业的开办人注册资本投入不足的，应当由开办人予以补足，补足部分计入破产财产。

（3）李某不应承担连带责任。根据我国《公司法》的规定，有限责任公司成立后，发现作为出资的实物、工业产权、非专利技术、土地使用权等非货币财产的实际价值显著低于公司章程所定价额时，应当由交付出资的股东补缴其差额，公司设立时的其他股东对其承担连带责任。在本题中，对赵某出资不实的问题，如果赵某的个人财产不足以弥补其差额时，应当由公司设立时的其他股东钱某和孙某承担连带责任，与设立后加入的李某没有关系。

故合伙企业的财产不足以清偿贷款的，由甲、乙、丙、丁承担无限连带责任。

2. 答：（1）新设合并。新设合并是指两个或两个以上公司合并成一个新公司，参加合并的公司消灭。

（2）合法。有限责任公司合并的决议要经过 2/3 以上表决权股东的同意通过，本案中赵某和于某的表决权合计为 70%。

（3）可以。公司合并的，原公司的债权债务由合并后的公司概括继承。

3. 答：该分配行为在多方面违反了我国《公司法》的规定：

（1）张某无论作为股东还是作为公司的董事长或总经理，都无权直接以自己的名义做出所谓的分配决定。合法的分配程序是由公司董事会拟订利润分配方案，经过公司股东会审批通过，然后由有关人员或部门执行。另外分配方案本身也不符合我国《公司法》规定，主要表现在两个方面：第一，税后盈利 9 万元人民币应该依法提取法定公积金、法定公益金，（本案不存在以前年度的亏损问题）而不应该全部分掉。第二，本案张某和李某共计分得 12 万元人民币，已经超出盈利金额，将股本分掉，实质是抽逃公司注册资本的行为。

（2）张某和李某应该将分得的款项退回公司，依法重新分配。

4. 答：（1）甲公司成立时 A、B、C 三方的约定有不合法之处。不合法之处有：

第一，B 股东商标权出资不办理商标权过户登记，不合法。根据我国《公司法》的规定，公司成立时必须有股东出资形成的公司自有资本，即注册资本。股东以实物工业产权、非专利技术等非货币形式出资的，应依法办理财产权转移手续。

第二，董事会成员由三方股东指派的约定不合法。根据我国《公司法》的规定，两个以上的国有投资主体投资设立的有限责任公司，董事会的成员应有职工代表。职工代表由职工民主选举产生，非职工代表由董事会股东会选举和更换。

（2）C股东的股权转让无效。根据该股权转让时的《中华人民共和国公司法》规定，股东向股东以外的人转让股份，必须经公司股东过半数同意（注：答"必须经其他股东过半数同意"也给分）。而C股东将其持有的25%的股权转让给乙公司未征得A，B两股东的同意，因此无效。

5.答：（1）爽饮公司的设立发起人是甲公司和乙厂。

（2）发起人即甲公司和乙厂承担资本补足责任，该责任是无过失的连带责任。

（3）在实施设立行为时，如果发起人在实施设立事务范围内对第三人造成损害，应由设立中的公司承担责任，因为发起人仅是设立中的公司代表；如果发起人违反法律规定致第三人损害，应由发起人和设立中的公司共同承担责任。

6.答：（1）①刘某同时担任新天公司执行董事和监事不合法。因为我国《公司法》规定，董事、经理及财务负责人不得兼任监事。②新天公司聘请张某担任经理不合法，因为我国《公司法》规定，担任因经营不善破产清算的公司、企业的董事长、经理，并对破产负有个人责任的，自破产清算完结之日起未逾3年的，不得担任公司的董事、监事和经理。本案中，张某担任A公司董事长期间，由于其玩忽职守、经营不善，导致A公司破产，说明张某对A公司破产负有个人责任，同时，自A公司破产清算完结之日（即2005年3月8日）到2006年1月14日新天公司聘请张某担任经理，时间未超过3年，故新天公司聘请张某担任经理不合法。

（2）该债务转让合同无效。因为根据我国《合同法》的规定，债务人将合同的义务全部或者部分转移给第三人的，应当经债权人同意。本案中，新天公司作为债务人，只是在签订债务转让合同后才通知债权人K公司，即未事先取得债权人的同意，因此该债务转让合同无效。

（3）增加赔偿的金额为马某购买电风扇的价款的一倍，因为根据我国《消费者权益保护法》的规定，经营者提供商品或者服务有欺诈行为的，应当按照消费者的要求增加赔偿其受到的损失，增加赔偿的金额为消费者购买商品的价款或接受服务的费用的一倍。

7.答：（1）不合法，茂发公司应到房地产管理部门办理厂房所有权转移手续。

（2）不得少于3 500万元。

（3）发起人认购的股份数；每股的票面金额和发行价格；无记名股票的发行总数；募集资金的用途；认股人的权利、义务。本次募股的起止期限及逾期未募足时认股人可以撤回所认股份的说明。

8.答：（1）甲公司不承担责任。甲公司的行为尚未构成滥用公司股东地位，逃避债务行为，所以甲公司不应承担赔偿责任。

（2）应拒绝甲公司的申请。

（3）由丙公司承担。基于商业判断原则。王某的行为虽然给公司造成了一定的损失。但其是基于管理信息、善意和诚实地作出合理的决策，所以不应承担责任，该责任应由公司承担。

9．答：在本案中，红光仪器公司为了逃避自己应当履行的还款义务，采用公司派生分立的方式逃避债务，对此，中国某商业银行可以请求红光仪器公司和康明医疗器械公司承担连带还款责任。

理由是：根据我国《公司法》第一百七十七条的规定，公司分立前的债务由分立后的公司承担连带责任。但是，公司在分立前与债权人就债务清偿达成的书面协议另有约定的除外。

10．答：（1）清算组的组成不合法。首先，一般情况下，董事为当然的清算组成员。因此，不应将丁排除在外。其次，公司宣布解散后，应当在15日内成立清算组。2005年3月20日，股东会决议解散公司，同年4月10日成立清算组。超过了15日的期限。

（2）清算组有权解除A公司与B公司的买卖合同关系。处理与清算有关的公司未了结业务是清算组的职权之一，其可以自主决定是否履行合同。

（3）不应起诉要求甲、乙、丙、丁赔付人民币5万元，而应起诉A公司赔付，由清算组代表应诉。这是因为上述5万元的违约金应当作为公司的普遍债权列入公司财产分配程序，按照法定顺序对其进行清偿。如果清算组没有将其列入分配顺序之内，此时公司的法人资格尚未消灭，清算组的行为属于公司的行为，应当以公司为被告起诉。

11．答：（1）根据我国《公司法》的规定，有权提议召开临时股东会议的人包括：代表十分之一以上表决权的股东，三分之一以上的董事，监事会或者不设监事会的公司的监事。

（2）股东会会议由董事会召集，董事长主持。董事长因特殊原因不能履行职务的，由董事长指定的副董事长或其他董事主持。

12．答：在以下两方面违反了公司法规定：

（1）无职工代表。

（2）董事长不应兼任另一有限公司负责人。该国有独资公司董事会的组成，违反了我国《公司法》第六十八条和第七十条的规定。我国《公司法》第六十八条第二款规定："董事会成员中应当有公司的职工代表。董事会中的职工代表由公司职工民主选举产生。"而本案中的国有独资公司中的董事会中无职工代表，不能体现国有独资公司的民主性。另据我国《公司法》第七十条规定："国有独资公司的董事长、副董事长、董事、经理，未经国家授权投资的机构或国家授权的部门同意，不得兼任其他有限责任公司、股份有限公司或者其他经营组织的负责人。"而本案中。该国有独资公司的董事长还兼另一有限责任公司的负责人，这是不符合法律规定的。

13. 答：该煤炭股份有限公司临时股东大会召开存在许多问题，比如召开的时间，讨论的内容等。

（1）临时股东大会召开的条件不符合法律要求。

我国《公司法》第一百零一条规定，股份有限公司召开临时股东大会的情形是：①董事人数不足本法规定人数或者公司章程所定人数的2/3时；②公司未弥补的亏损达实收股本总额1/3时；③单独或者合计持有公司10%以上股份的股东请求时；④董事会认为必要时；⑤监事会提议召开时；⑥公司章程规定的其他情形。

本案中。G市煤炭股份有限公司不能弥补亏损达股本30%，尚未达到公司法规定的1/3，不符合我国公司法召开临时股东大会的条件。

（2）临时股东大会召开的程序不符合法律要求。

我国《公司法》第一百零二条规定，股东大会会议由董事会召集，董事长主持。本案中董事长鲍钰嘉一人就决定召开临时股东大会是不符合法律规定的。

（3）我国《公司法》第一百零三条规定，召开股东大会会议，应当将会议召开的时间、地点和审议的事项于会议召开20日前通知各股东；临时股东大会应当于会议召开15日前通知各股东；发行无记名股票的，应当于会议召开30日前公告会议召开的时间、地点和审议事项。

本案中，董事长3月30日发出通知，4月10日召开股东大会，未达到公司法要求的临时股东大会提前15天通知的要求。另外，其只通知公司持股前10名的大股东参加会议也是不对的，应该通知全部股东。

（4）我国《公司法》第一百零三条规定股份有限公司股东大会不得对大会通知中未列明的事项作出决议。而在本案中大会通知讨论任何解决公司亏损问题，而最终却通过了解散公司的决议，是违反法律规定的、

（5）即使该股份公司提前通知了解散公司的事项，此决议也是不能通过的，因为我国《公司法》第一百零四条中规定了股东大会作出修改公司章程、增加或者减少注册资本的决议，以及公司合并、分立、解散或者变更公司形式的决议，必须经出席会议的股东所持表决权的2/3以上通过。而在本案中占出席会议股东表决权65%的7名股东同意解散公司，未达到法律要求的比例。

14. 答：（1）有效。但该约定不能对抗第三人。

（2）甲、乙与丙、丁的股权转让行为，自双方签字后生效。

（3）不需要。因为股东无需直接承担公司的债务责任。

（4）公司可通过公积金补亏或用未来利润补亏方式解决其债务偿还问题。丙丁可以要求甲乙出资弥补。

15. 答：（1）符合规定。根据《公司法》规定，全体股东出资金额不得低于公司注册资本的百分之三十。

（2）符合规定。小规模有限责任公司可以不设董事会，只设1-2名监事。

（3）丙。股东会的首次股东会议由出资最多的股东召集和主持。

（4）乙、丙。代表十分之一以上表决权的股东有权提议召开临时股东会议。

16. 答：（1）李某和赵某行为属于内幕交易行为。李某将公司高额分配股利的方案在公开前泄露给赵某，并建议赵某买进该公司股票，属于典型的内幕交易行为。李某为该公司董事会秘书，属公司高级管理人员，即内幕信息的知情人员。高额分配股利计划在公开前属于内幕信息。李某和赵某合谋以分享利益为条件取得内幕信息，属于非法获取内幕信息，用该信息进行交易获利，赵某的行为也是内幕交易行为。

（2）李某和赵某应承担法律责任。内幕交易行为违反了公平原则，损害其他投资者的利益，被法律所禁止，李某和赵某有义务赔偿其他投资者的损失，证监会也会对其进行行政处罚。

17. 答：（1）A 公司董事会的组成不合法，国有独资公司董事会成员应当有公司职工代表，董事会成员中的职工代表由公司职工代表选举产生。

（2）刘某担任 B 公司的总经理不符合规定，国有独资公司董事长未经国有资产监督管理机构同意，不得在其他公司或经济组织兼职。

（3）张某担任 A 公司的总经理不符合规定，因为只有经国有资产监督管理机构的同意，董事会成员兼任经理。

第二章　合伙企业法与个人独资企业法

一、单项选择题

1. 与公司企业不同，普通合伙人的出资形式还包括　　　　　　　　　（　　）
   A. 货币　　　　　　　　　　　　B. 实物
   C. 土地使用权　　　　　　　　　D. 个人劳务

2. 合伙企业的利润分配、亏损分担，如果合伙协议没有约定，且合伙人协商不成的，　　　　　　　　　　　　　　　　　　　　　　　　　　　　　（　　）
   A. 由合伙人平均分配、分担
   B. 由合伙人按实际出资比例分配、分担
   C. 由合伙人约定分配或者分担给部分合伙人
   D. 作为合伙财产不再进行分配

3. 甲、乙、丙三人成立了一家合伙企业，合伙协议约定由甲经营并承担合伙企业的全部债务，丁是该合伙企业的债权人。当合伙企业的财产不足以偿付丁的债权时，丁　　　　　　　　　　　　　　　　　　　　　　　　　　　（　　）
   A. 只能向合伙企业请求清偿
   B. 只能向甲要求清偿
   C. 只能向合伙企业和甲请求清偿
   D. 可以要求甲、乙、丙承担连带清偿责任

4. 对于有限合伙企业，新入伙的成员属于有限合伙人的，对于其入伙前有限合伙企业的债务，　　　　　　　　　　　　　　　　　　　　　　　　　（　　）
   A. 承担连带责任
   B. 以其全部财产承担责任
   C. 以其认缴的出资额为限承担责任
   D. 不承担责任

5. 李某以其家庭共有的写字楼作为出资设立个人独资企业。几年后，该企业宣告解散，尚欠银行 600 万元。关于该债务的清偿下列说法正确的是　　（　　）
   A. 李某以其在家庭财产中的份额对该债务承担责任
   B. 李某仅以写字楼对该债务承担责任

C. 李某以其个人所有财产承担责任

D. 李某以其全部家庭共有财产承担责任

6. 李某拟设立一个个人独资企业，下列可以作为其企业名称的是 （   ）

    A. 李记永乐商行   B. 永乐有限公司

    C. 永乐有限责任商行   D. 李记永乐公司

7. 甲设立个人独资企业，后病故，其妻和其女（已满 18 周岁）均表示不愿继承该企业，该企业只得解散。该企业解散时，应由谁进行清算？ （   ）

    A. 由其女进行清算

    B. 由其妻进行清算

    C. 由其妻和其女共同进行清算

    D. 由债权人申请法院指定清算人进行清算

8. 有限合伙企业的合伙人为 （   ）

    A. 2 人以上 20 人以下   B. 2 人以上 50 人以下

    C. 2 人以上 200 人以下   D. 2 人以上 100 人以下

9. 个人独资企业整体转让，涉及债权债务的概括转移，应当 （   ）

    A. 通知债权人并经其同意

    B. 通知债权人，无须经其同意

    C. 通知债权人和债务人并经其同意

    D. 通知债务人并经其同意

10. 合伙协议未约定合伙利润分配和亏损分担比例的，合伙人之间分配利润和承担亏损的原则是 （   ）

    A. 按各合伙人的实缴出资比例分配和分担

    B. 按各合伙人的贡献大小分配和分担

    C. 在全体合伙人之间平均分配和分担

    D. 由各合伙人协商决定如何分配和分担

11. 有限合伙企业中，普通合伙人的人数限制为 （   ）

    A. 无限制   B. 至少 1 人

    C. 至少 2 人   D. 至多 3 人

12. 根据我国《合伙企业法》，除合伙企业另有约定外，下列事项中，不必经全体合伙人一致同意的是 （   ）

    A. 改变合伙企业名称

    B. 改变合伙企业经营范围

    C. 处分合伙企业的动产

    D. 聘任合伙人以外的人担任企业的经营管理人员

13. 个人独资企业解散后，原投资人对个人独资企业存续期间的债务 （   ）

    A. 不再承担清偿责任   B. 适当承担清偿责任

C. 仍承担清偿责任　　　　　　　　D. 指定第三人偿还

14. 新入伙的普通合伙人对合伙前的合伙企业债务　　　　　　（　　）
    A. 承担无限连带责任　　　　　　B. 承担有限责任
    C. 不承担任何责任　　　　　　　D. 与其他合伙人平摊责任

15. 个人投资企业的解散原因不包括　　　　　　　　　　　　（　　）
    A. 投资人决定解散　　　　　　　B. 投资人破产
    C. 投资人死亡，无继承人　　　　D. 被依法吊销营业执照

16. 根据我国《合伙企业法》的规定，除合伙协议另有约定外，下列事项中，
不必经全体合伙人一致同意的是　　　　　　　　　　　　　　（　　）
    A. 改变合伙企名称业
    B. 改变合伙企业经营范围
    C. 以合伙企业名义为他人提供担保
    D. 聘任合伙人担任企业的经营管理人员

17. 个人独资企业解散，应由投资人自行清算或者由债权人申请人民法院指定
清算人清算。如由投资人自行清算的，投资人应在清算前几日内书面通知债权人？
　　　　　　　　　　　　　　　　　　　　　　　　　　　　（　　）
    A. 10　　　　　　　　　　　　　B. 15
    C. 30　　　　　　　　　　　　　D. 60

18. 有限合伙企业至少应有几名普通合伙人？　　　　　　　　（　　）
    A. 1 人　　　　　　　　　　　　B. 2 人
    C. 3 人　　　　　　　　　　　　D. 4 人

19. 合伙企业解散的原因之一是合伙人不具备法定人数满多少天？（　　）
    A. 15 天　　　　　　　　　　　　B. 30 天
    C. 60 天　　　　　　　　　　　　D. 45 天

20. 个人独资企业解散，应由投资人自行清算或者由债权人申请人民法院指定
清算人清算。如由投资人自行清算的，投资人应在清算前 15 日内书面通知债权人，
债权人在接到通知之日起多少日内，向债权人申报债务？　　　（　　）
    A. 10　　　　　　　　　　　　　B. 15
    C. 30　　　　　　　　　　　　　D. 60

21. 有限合伙企业至少应有几名合伙人？　　　　　　　　　　（　　）
    A. 1 人　　　　　　　　　　　　B. 2 人
    C. 3 人　　　　　　　　　　　　D. 4 人

22. 下列不属于合伙企业解散的原因的是　　　　　　　　　　（　　）
    A. 合伙人不具备法定人数满 15 天　　B. 合伙人不具备法定人数满 30 天
    C. 全体合伙人决定解散　　　　　　　D. 被依法吊销营业执照

23. 个人独资企业的名称中，可以出现的字样是   （   ）

    A. 公司   B. 工作室

    C. 有限   D. 有限责任公司

24. 除合伙协议另有约定外，普通合伙人转变为有限合伙人或者有限合伙人转变为普通合伙人的，应当经全体合伙人   （   ）

    A. 一致同意   B. 过半数同意

    C. 2/3 以上同意   D. 3/4 以上同意

25. 根据我国《个人独资企业法》的规定，设立个人独资企业不需具备的条件是（   ）

    A. 投资人为一个自然人

    B. 有合法的企业名称

    C. 有投资人申报的出资

    D. 将出资财产的所有权转移于个人独资企业名下

26. 根据我国《合伙企业法》的规定，下列表述正确的是   （   ）

    A. 法人可以成为合伙人

    B. 所有合伙人承担无限连带责任

    C. 所有合伙人不得用劳务出资

    D. 所有合伙人对合伙事务的执行享有不同等的权利

27. 根据我国《合伙企业法》的规定，下列关于某有限合伙企业合伙人出资方式的表述，正确的是   （   ）

    A. 普通合伙人甲用劳务出资

    B. 普通合伙人乙用机器设备出资

    C. 有限合伙人丙用专利权出资

    D. 有限合伙人丁用劳务出资

28. 合伙企业财产在支付清偿费用后，应按下列哪一顺序偿还？   （   ）

    A. 所欠职工工资和社会保障费用、法定补偿金、合伙企业所欠税款、合伙企业债务

    B. 所欠职工工资和社会保障费用、合伙企业所欠税款、法定补偿金、合伙企业债务

    C. 合伙企业债务、所欠职工工资和社会保障费用、合伙企业所欠税款、法定补偿金

    D. 合伙企业所欠税款、所欠职工工资和社会保障费用、法定补偿金、合伙企业债务

29. 合伙企业清偿结束，全体合伙人在清算人编制的清单报告上签名、盖章后，在多少日内向企业登记机关报送，申请办理合伙企业注销登记？（   ）

A. 10 　　　　　　　　　　　B. 15

C. 20 　　　　　　　　　　　D. 30

30. 合伙企业注销后，原普通合伙人对合伙企业存续期间的债务，（　　　）

　　A. 仍承担无限连带责任　　　　B. 承担有限责任

　　C. 不承担任何责任　　　　　　D. 与其他合伙人平摊责任

31. 某特殊的普通合伙企业共有张某、王某、李某三个合伙人。张某在执行业务活动中的重大过失造成的合伙企业债务应当（　　　）

　　A. 张某、王某、李某承担无限连带责任

　　B. 张某、王某、李某以其在合伙财产中的份额为限承担责任

　　C. 张某承担无限责任，王某、李某以其在合伙财产中的份额为限承担责任

　　D. 王某、李某承担无限责任，张某以其在合伙财产中的份额为限承担责任

二、多项选择题

1. 甲、乙、丙、丁欲设立有限合伙企业，合伙协议中约定了如下内容，其中符合法律规定的有（　　　）

　　A. 经全体合伙人同意，有限合伙人可全部转换为普通合伙人，普通合伙人也可以全部转换为有限合伙人

　　B. 丙以其劳务出资，为普通合伙人

　　C. 甲仅以出资额为限对企业承担责任，同时被推举为合伙事务执行人

　　D. 合伙企业的利润由甲、乙、丙三人分配，丙仅按营业额提取一定劳务报酬

　　E. 甲作为有限合伙人，可以将其在有限合伙企业中的财产份额出质

2. 下列关于个人独资企业的描述，说法正确的有（　　　）

　　A. 个人独资企业的名称可以是"某某个人有限责任公司"

　　B. 个人独资企业不能设立分支机构

　　C. 个人独资企业的投资人只能是自然人

　　D. 个人独资企业解散时，可由投资人自行清算

　　E. 如果投资人决定解散，则个人独资企业即可解散

3. 有限合伙人的下列行为中，不视为执行合伙事务的有（　　　）

　　A. 参与决定普通合伙人入伙

　　B. 参与对外签订买卖合同

　　C. 对企业的经营管理提出建议

　　D. 获取经审计的有限合伙企业财务会计报告

　　E. 依法为本企业提供担保

4. 退伙是指在合伙关系存续期间，部分合伙人退出合伙企业，解除其合伙身份，退伙分为 （ ）

    A. 法定退伙   B. 自愿退伙

    C. 当然退伙   D. 除名退伙

    E. 强制退伙

5. 下列关于个人独资企业特点的表述，正确的有 （ ）

    A. 个人独资企业的出资人为一个自然人

    B. 个人独资企业的出资人为一个自然人或法人

    C. 个人独资企业的全部财产为出资人所有

    D. 个人独资企业以投资人的全部个人财产对企业债务承担无限责任

    E. 个人独资企业以投资人的出资额为限对企业债务承担有限责任

6. 根据我国《合伙企业法》的规定，经其他合伙人一致同意，可以将合伙人除名的情形是 （ ）

    A. 该合伙人未履行出资义务

    B. 该合伙人个人丧失偿债能力

    C. 该合伙人执行合伙事务时有不正当行为

    D. 该合伙人因故意或重大过失给合伙企业造成损失

    E. 该合伙人发生难以继续参加合伙企业的事由

7. 个人独资企业的解散原因有 （ ）

    A. 投资人决定解散

    B. 被依法吊销营业执照

    C. 投资人死亡，继承人接受继承

    D. 投资人死亡，无继承人

    E. 投资人死亡，继承人不接受继承

8. 甲、乙、丙、丁共同投资设立一个普通合伙企业，但合伙协议未约定合伙利润分配和亏损分担比例的，后来合伙人之间因利润分配问题发生纠纷，依照我国《合伙企业法》的规定，以下对该合伙企业利润分配问题的表述，正确的有 （ ）

    A. 应当首先通过合伙人之间的协商决定利润分配比例

    B. 如协商不成，应当按照各合伙人实际缴纳的实缴出资比例分配

    C. 如协商不成，并且无法确定各合伙人出资比例，应当则平均分配

    D. 如协商不成，则由合伙事务执行人最终决定比例分配

    E. 按各合伙人的贡献大小分配和分担

9. 根据我国《合伙企业法》的规定，普通合伙人当然退伙的情形有（　　　　）

    A. 作为合伙人的自然人死亡

    B. 个人丧失偿债能力

    C. 法人合伙人被依法吊销营业执照

    D. 合伙人未履行出资义务

    E. 执行合伙事务时有不正当行为

三、简答题

1. 简述普通合伙企业的设立条件。

2. 简述个人独资企业的概念和法律特征。

3. 简述个人独资企业的解散原因。

4. 简述设立个人独资企业的条件。

四、论述题

1. 论普通合伙企业的对外关系。

2. 论合伙企业合伙人的出资及其财产。

五、案例题

甲、乙、丙、丁成立一普通合伙企业，三年后甲转为有限合伙人，丙退伙。此前，合伙企业欠银行债务 100 万元，该债务直至合伙企业因严重资不抵债被宣告破产仍未偿还。银行遂向甲要求偿还全部贷款，甲表示自己为有限合伙人，只按出资额的比例承担相应数额。银行向丙要求偿还全部贷款，丙称自己已退伙，不负责清偿债务。

根据上述材料回答下列问题：

（1）甲、丙的主张能否成立？说明理由。

（2）合伙企业所欠银行贷款应如何清偿？

参考答案

一、单项选择题

1. D　　2. B　　3. D　　4. A　　5. D　　6. A　　7. D　　8. B　　9. A

10. D　11. C　12. C　13. C　14. A　15. B　16. D　17. B　18. A

19. B　20. C　21. B　22. A　23. B　24. A　25. D　26. A　27. C

28. A　29. B　30. A　31. C

二、多项选择题

1. BDE　　2. CDE　　3. ACDE　　4. BCD　　5. ACD　　6. ACD

7. ABDE　　8. ABC　　9. ABC

三、简答题

1. 答：根据我国《合伙企业法》第十四条的规定，普通合伙企业的设立条件是：

（1）有两个以上合伙人。

（2）有书面合伙协议。

（3）有合伙人认缴或实际缴付的出资。

（4）有合伙企业的名称和生产经营场所，其名称应当标明"普通合伙"字样。

（5）法律、行政法规规定的其他条件。

2. 答：个人独资企业是指由一个自然人投资，财产为投资人所有，投资人以其个人财产或家庭财产对企业债务承担无限责任的企业。其特点如下：

（1）个人独资企业的出资人为一个自然人。

（2）个人独资企业的全部财产为出资人所有。

（3）个人独资企业以投资人的全部个人财产或家庭财产对企业债务承担无限责任。

3. 答：（1）投资人决定解散。

（2）投资人死亡，无继承人或继承人决定放弃继承。

（3）被依法吊销营业执照。

（4）法律、行政法规规定的其他情况。

4. 答：（1）投资人为一个自然人，当然，该自然人应具有完全民事行为能力，且不是法律禁止从事经营性经济活动的人，如在职国家公务员、现役军人、国有企事业单位在职管理人员。

（2）有合法的企业名称。

（3）有投资人申报的出资。

（4）有固定的生产经营场所和必要的生产经营条件。

（5）有必要的从业人员。

四、论述题

1. 答：（1）合伙人或合伙事务执行人对合伙企业的代表权。

合伙事务可以由全体合伙人执行，也可以委托一人或数人执行。合伙企业对合伙人执行合伙事务以及对外代表合伙企业的权利限制，不得对抗善意第三人，即合伙事务执行人超越权利限制与善意第三人订立合同，该合同对合伙企业发生效力。合伙人或合伙事务执行人超越授权范围履行职务，给合伙企业造成损失的，应当承担赔偿责任。合伙企业的代表人在委托执行合伙事务的范围内享有代表权。执行合伙事务的委托撤销或者合伙人辞去委托时，代表权随之终止。

（2）合伙人对合伙企业债务的无限连带责任。

合伙人承担无限连带责任是普通合伙企业债务清偿的原则。但合伙企业的债务，应先以合伙企业的全部财产清偿，不足部分由合伙人承担无限连带责任。偿还合伙企业债务超过自己应当承担数额的合伙人，有权向其他合伙人追偿。对于合伙人的债务，只能用其个人财产清偿，个人财产不足以清偿的，债权人可以依法请求人民法院强制执行该合伙人在合伙企业的财产份额用于清偿，但债权人不得代位行使该合伙人在合伙企业中的权利。合伙人在合伙企业中的财产份额转让被强制执行的，其他合伙人在同等条件下有优先受让的权利。

2. 答：（1）合伙人的出资。

合伙人应当按照合伙协议缴纳出资。对于出资形式，除了货币、实物、土地使用权、知识产权和其他财产权利外，与公司企业不同，普通合伙人还可以个人劳务出资，劳务出资的评估办法由全体合伙人协商确定，并在合伙协议中载明。

（2）合伙企业的财产。

合伙企业的财产，是指合伙人的出资和由出资形成的财产、以合伙名义取得的收益和负债、合伙经营的积累等。合伙企业的财产在性质上一般认定为合伙人共有。在合伙企业存续期间，合伙人对合伙企业财产所有权的行使应受合伙协议和法律、法规的限制。合伙人对合伙企业财产进行共同管理，合伙人不得擅自使用、处分合伙企业财产；合伙企业解散前，合伙人不得请求分割合伙企业的财产；合伙人以其财产共有份额出质的，应当经其他合伙人一致同意，否则出质行为无效，或者作为退伙处理；合伙人在合伙企业清算前私自转移或处分合伙财产的，合伙企业不得以此对抗善意第三人，第三人可以善意取得该财产。在合伙企业存续期间，合伙人可以依法转让其财产份额。在合伙人之间转让的，应通知其他合伙人；向合伙人以外的人转让的，应经其他合伙人一致同意，其他合伙人在同等条件下有优先购买权，但合伙协议另有约定的除外。

五、案例题

答：（1）甲的主张不成立。根据我国《合伙企业法》的规定，普通合伙人转变为有限合伙人的，对其作为普通合伙人期间合伙企业发生的债务承担无限连带责任，故甲对其作为普通合伙人期间发生的债务承担连带责任。丙的主张不成立，根据我国《合伙企业法》的规定，退伙人对其退伙之前发生的债务与其他合伙人承担连带责任，故丙对其退伙前发生的债务承担连带责任。

（2）根据我国《合伙企业法》的规定，合伙企业所欠银行贷款首先应用合伙企业的财产清偿，合伙企业的财产不足清偿时，由各合伙人承担无限连带责任。故合伙企业的财产不足以清偿贷款的，由甲、乙、丙、丁承担无限连带责任。

第三章 合同法

一、单项选择题

1. 在以下协议中，属于我国《合同法》调整范围的是　　（　　）
   A. 离婚协议　　　　　　　　B. 收养子女协议
   C. 人身保险协议　　　　　　D. 转移监护权的协议

2. 下列合同中属于单务合同的是　　　　　　　　（　　）
   A. 赠与合同　　　　　　　　B. 买卖合同
   C. 租赁合同　　　　　　　　D. 银行贷款合同

3. 以订立合同是否有事先约定的关系为标准，可将合同分为　（　　）
   A. 有偿合同与无偿合同　　　B. 诺成合同与实践合同
   C. 要式合同与不要式合同　　D. 预约合同与本合同

4. 甲向乙发去传真，称愿以每台 10 000 元的价格购买某品牌、规格的空调 20 台，望乙于 10 天内作出答复。乙于第五天以传真回复，称愿接受甲的其他条件，但价格应改为每台 10 500 元。乙的传真属于　　　　　　　（　　）
   A. 要约邀请　　　　　　　　B. 承诺
   C. 反要约　　　　　　　　　D. 对要约的撤销

5. 下列合同中，无民事行为能力人能够独立作为当事人的有效合同是（　　）
   A. 汽车买卖合同　　　　　　B. 房屋租赁合同
   C. 图书受赠合同　　　　　　D. 银行借款合同

6. 王某是某国有企业的法定代表人。其趁国有企业改革之机，采用欺诈手段伪造企业的债务并通过签订合同以低价格受让国有企业股权，则该合同属于
   （　　）
   A. 有效合同　　　　　　　　B. 无效合同
   C. 效力未定合同　　　　　　D. 可撤销合同

7. 租赁合同中，承租人的主要义务不包括　　　　　（　　）
   A. 按照租赁物的性质和约定的方法使用租赁物
   B. 不得将租赁物转租别人
   C. 按照约定期限支付租金
   D. 风险承担

8. 王强原是某百货公司的采购员，长期以百货公司名义从某家具厂家进货，家具厂只要凭王强的签名就可提货，然后由百货公司付款。后来王强辞职，但辞职后仍以百货公司名义提走一批家具。事后百货公司拒绝付款。此案中王强的代理行为是   （   ）

    A. 有权代理　　　　　　　　　　B. 外表授权的表见代理

    C. 特定身份关系的表见代理　　　D. 容忍的表见代理

9. 甲乙签订了钢材买卖的合同，约定由甲发送到乙处，乙方验收后付款，但是对于运输费用的承担双方没有说明，应当如何分担   （   ）

    A. 由债权人负担　　　　　　　　B. 由债务人负担

    C. 由双方平均分摊　　　　　　　D. 由双方按比例分摊

10. 14 岁的杨某在某商场买了一双价值 80 元人民币的球鞋，这一买卖行为   （   ）

    A. 效力待定　　　　　　　　　　B. 有效

    C. 无效　　　　　　　　　　　　D. 可撤销

11. 甲与乙签订了一份买卖合同，由甲卖给乙一辆汽车，价格为 15 万元。甲收取货款后，把交车的义务转让给了丙。此种转让须   （   ）

    A. 经乙方同意　　　　　　　　　B. 经丙方同意

    C. 通知乙方　　　　　　　　　　D. 公告

12. 行为人没有代理权而以被代理人名义订立合同，相对人有理由相信行为人有代理权，该代理称为   （   ）

    A. 委托代理　　　　　　　　　　B. 法定代理

    C. 无权代理　　　　　　　　　　D. 表见代理

13. 甲公司与乙公司签订了一份电脑买卖合同，合同约定由丙公司代替甲公司向乙公司支付货物价款，但丙公司在该合同履行期限内未向乙公司支付价款。对此，下列叙述正确的是   （   ）

    A. 丙公司应向乙公司承担违约责任

    B. 甲公司应向乙公司承担违约责任

    C. 甲公司与乙公司签订的货物买卖合同无效

    D. 乙公司可选择甲公司或丙公司承担违约责

14. 甲出版社在其网站公布新书目录，其中有新版《基础会计学》教材，每本定价 25 元。乙高校看到后，遂通过传真订购该《基础会计学》教材 300 本。下列表述正确的是   （   ）

    A. 甲的行为是要约，乙的行为是承诺

    B. 甲的行为是要约，乙的行为是新要约

    C. 甲的行为是要约邀请，乙的行为是要约

    D. 甲的行为是要约邀请，乙的行为是承诺

15. 甲、乙签订了 20 000 元的玉石买卖合同,乙按照约定向甲交付定金 2 000 元。后甲违约,不同意出卖该玉石。乙最多可以要求甲返还 （　　）

    A. 2 000 元　　　　　　　　　　B. 4 000 元

    C. 20 000 元　　　　　　　　　　D. 22 000 元

16. 甲乙双方与 2015 年 5 月 1 日签订一份合同,约定该合同自 2015 年 12 月 1 日起生效,该合同属于 （　　）

    A. 效力待定合同　　　　　　　　B. 无效合同

    C. 有效合同　　　　　　　　　　D. 附期限合同

17. 甲公司交给其采购员王某一张加盖公司公章的空白合同书,口头授权王某与乙公司签订一份购买乙公司 100 台空调的合同。但王某利用这张合同书与乙公司签订了购买 150 台空调的合同,乙公司在签订该合同时还不知道甲公司授权王某只购买 100 台空调,则该合同是否有效? （　　）

    A. 有效　　　　　　　　　　　　B. 无效

    C. 变更空调数量后有效　　　　　D. 效力待定

18. 甲乙双方订立了执行国家定价的货物买卖合同,订立合同时的货物价格为 800 元/吨,甲方交货后国家定价调整为 1 000 元/吨。后乙方逾期付款,该合同的执行价格为 （　　）

    A. 800 元/吨　　　　　　　　　　B. 1 000 元/吨

    C. 另行协商　　　　　　　　　　D. 市场价格

19. 甲公司于 3 月 5 日向乙公司发出订立合同的要约信函,3 月 8 日乙公司收到甲公司说明该要约作废的传真,3 月 10 日乙公司收到该要约的信函。根据我国《合同法》规定,甲公司发出作废传真的行为属于 （　　）

    A. 要约撤回　　　　　　　　　　B. 要约撤销

    C. 要约生效　　　　　　　　　　D. 要约失效

20. "如果甲迁往外地,就把该房租与乙",属于 （　　）

    A. 附条件合同　　　　　　　　　B. 附期限合同

    C. 主合同　　　　　　　　　　　D. 从合同

21. 撤销权的行使期限为自债权人知道或者应当知道撤销事由之日起几年内行使? （　　）

    A. 半年　　　　　　　　　　　　B. 一年

    C. 二年　　　　　　　　　　　　D. 三年

22. 家庭服务员的雇佣关系由 （　　）

    A. 劳动法调整　　　　　　　　　B. 民法调整

    C. 行政法调整　　　　　　　　　D. 经济法调整

23. 下列说法中，不正确的是 （　　）

    A. 缔约责任是一种无过错责任

    B. 合同解除后，尚未履行的终止履行

    C. 债权人转让转权的，应当通知债务人

    D. 我国《合同法》主要适用严格责任原则

24. 以合同成立是否需要以实际交付标的物为标准，合同可分为 （　　）

    A. 有名合同 无名合同　　　　　　　B. 要式合同 不要式合同

    C. 双务合同 单务合同　　　　　　　D. 诺成合同 实践合同

25. 根据我国《合同法》规定，债务人的行为发生之日起多少年内没有行使撤消权，则该撤消权消灭？ （　　）

    A. 1 年　　　　　　　　　　　　　　B. 3 年

    C. 5 年　　　　　　　　　　　　　　D. 10 年

26. 2015 年 4 月，A 公司与 B 公司签订了《中外合资意向书》。随后在 B 公司的一再要求下，A 公司派人开始了前期准备工作，进行了包括可行性研究、环境影响评估、接入系统设计、委托项目管理公司等工作。与此同时，A 公司与 B 公司对合资合同、章程、协议作了多次洽谈，最终达成一致意见。正当双方要签字时，B 公司通知 A 公司，终止双方之间的合作。事后，A 公司查明，B 公司与另一公司签订了合作协议。于是，A 公司提出，要求 B 公司赔偿 1 000 多万元的损失，按照法律的规定，B 公司应承担 （　　）

    A. 违约责任　　　　　　　　　　　　B. 缔约过失责任

    C. 侵权责任　　　　　　　　　　　　D. 公平责任

27. 投保是投保人向保险人提出订立保险合同的意思表示，属于 （　　）

    A. 要约　　　　　　　　　　　　　　B. 承诺

    C. 要约邀请　　　　　　　　　　　　D. 询价

28. 甲公司拖欠乙银行贷款，甲公司与丙公司约定由丙公司承担向乙银行还款责任。甲公司与丙公司的约定 （　　）

    A. 无需乙银行同意　　　　　　　　　B. 需甲、乙、丙三方共同订立协议

    C. 需乙银行同意　　　　　　　　　　D. 乙银行需要通过诉讼确认其

29. 根据我国《合同法》的规定，构成合同违约责任的要件是 （　　）

    A. 违约行为、损害结果、违约行为与损害结果间的因果关系和过错

    B. 违约行为、损害结果及两者间的因果关系

    C. 违约行为、无损害结果

    D. 违约行为、违约人有过错、无免责事由

30. 根据我国合同法的规定，以下关于合同的表述不正确的是 （　　）

    A. 合同是一种合意

    B. 合同是发生法律效果的法律行为

  C. 合同是双方当事人的法律行为

  D. 合同是各种主体之间民事权利义务关系的协议

31. 下列合同属于效力待定的是   (   )

  A. 甲将乙委托其处理的笔记本电脑卖给了丙

  B. 甲将乙借给其使用的笔记本电脑卖给了丙

  C. 甲将乙赠与其的笔记本电脑卖给了丙

  D. 甲将从乙处偷窃的笔记本电脑卖给了丙

32. 甲拥有一辆"雪铁龙"汽车，以 80 000 元出让给乙，但是，双方同时约定，甲在购买到"别克君威"汽车之后，再正式向乙交付"雪铁龙"。甲、乙之间买卖"雪铁龙"汽车的合同是   (   )

  A. 附解除期限   B. 附延缓期限

  C. 附解除条件   D. 附延缓条件

33. 合同被撤销之后，合同的效力   (   )

  A. 自撤销时无效   B. 自订立时无效

  C. 没有成立   D. 没有生效

34. 甲公司与乙公司订立一书面合同，甲公司签字盖章后邮寄给乙公司签字盖章，该合同的成立时间为   (   )

  A. 甲公司与乙公司口头协商一致

  B. 甲公司签字盖章

  C. 甲公司签字盖章后交付邮寄

  D. 乙公司签字盖章

35. 甲与乙签订买卖合同，合同约定，甲先交付货物，但在交货前夕，甲派员调查乙的偿付能力，有确切证据证明乙负债累累，丧失支付能力。甲遂暂时不向乙交付货物，甲的行为是   (   )

  A. 违约行为   B. 行使同时履行抗辩权

  C. 行使不安抗辩权   D. 行使先履行抗辩权

36. 下列不能够作为提存标的物的是   (   )

  A. 提单   B. 有价证券

  C. 房屋   D. 权利证书

37. 甲汽车销售公司欠乙运输公司运输费 15 万元，而乙运输公司欠甲汽车销售公司汽车款 10 万元。现在甲汽车销售公司的欠款已到期，乙运输公司欠款已过诉讼时效。下列说法正确的是   (   )

  A. 甲汽车销售公司有权主张抵销

  B. 甲汽车销售公司抵销必须经乙运输公司同意

  C. 乙运输公司的债务已经过了诉讼时效，不得抵销

  D. 双方债务性质不同，不得抵销

38. 下列情形中，属可撤销的合同是 （ ）
    A. 因重大误解订立的合同
    B. 因欺诈而使国家利益受到损失
    C. 恶意串通损害他人利益的
    D. 格式合同中免除自己义务未作说明的

39. 张某既无房屋所有人的授权，也未征得其同意，竟擅自就该房与李某签订房屋买卖合同。张某和李某的房屋买卖合同，法理上称其为 （ ）
    A. 有效合同   B. 效力待定合同
    C. 无效合同   D. 可撤销合同

40. 甲欠乙 10 万元，丙欠甲 15 万元，甲在其对丙的债权到期后，怠慢行使对丙的债权，致使其无力清偿乙的债务，乙可行使甲对丙的权利。合同法理论称此为 （ ）
    A. 代位追索权   B. 代位继承
    C. 代位权   D. 代理权

41. 预期违约侵犯了合同相对方的 （ ）
    A. 完全债权   B. 既得债权
    C. 期待债权   D. 自然债权

42. 承担违约责任的主要形式有 （ ）
    A. 继续履行合同、采取补救措施、提起诉讼
    B. 继续履行合同、采取补救措施、申请仲裁
    C. 继续履行合同、采取补救措施、赔偿损失
    D. 继续履行合同、采取补救措施、请求调解

43. 2006 年 7 月 1 日，甲银行作为出借方与乙作为借入方签订贷款合同，贷款总额为 10 万元。还款期限为 2009 年 12 月 31 日。2009 年 7 月 15 日，甲银行与丙资产管理公司签订协议，约定将该笔贷款转让给丙。下列说法不正确的是 （ ）
    A. 甲如果在 2009 年 12 月 31 日前通知乙，该债权转让合同生效，丙有权要求乙还款
    B. 乙如果于 2009 年 10 月 31 日将贷款归还给甲，即使甲还没有将债权让与通知乙，乙还款给甲的行为仍然是无效的，丙有权要求乙归还贷款
    C. 甲如果在 2009 年 12 月 31 日前通知了乙，但乙以未经他的同意为由，仍将贷款归还给甲，乙的行为是无效的，丙有权要求乙归还贷款
    D. 甲如在 2009 年 10 月 31 日通知了乙，但是 2009 年 11 月 30 日又向乙发出通知，撤销第一次通知。2009 年 12 月 31 日乙向丙归还贷款是无效的

44. 建设工程合同中，承包人的优先受偿权的行使期间为自工程竣工之日起 （ ）

A. 一个月   B. 两个月

C. 六个月   D. 1 年

45. 根据我国《合同法》的规定，下列关于合同履行规则的表述正确的是

（ ）

  A. 质量约定不明的，按债务人企业标准履行

  B. 价款和报酬不明的，按履行合同时的市场价格履行

  C. 履行地点不明的，给付货币的，在接受给付一方所在地履行

  D. 履行费用不明的，由债权人负担

46. 根据我国《合同法》的规定，甲公司的下列行为中属于要约的是 （ ）

  A. 为建设办公楼向社会公开发布招标公告

  B. 为增发新股向社会公开发布招股说明书

  C. 为宣传新产品而在电视上发布广告

  D. 向乙公司发出包括货物品种、价格、供货时间等内容的订货函

47. 下列有关承诺的说法不正确的是 （ ）

  A. 承诺的内容必须与要约一致

  B. 承诺必须在要约的有效期内到达要约人

  C. 承诺生效以后合同可以成立

  D. 承诺方式必须符合要约的要求

48. 下列不属于要约失效的原因是 （ ）

  A. 受要约人拒绝要约

  B. 要约有效期满，受要约人未做出承诺

  C. 受要约人对要约内容做出实质性变更

  D. 要约人依法撤回要约

49. 甲公司欠乙公司 500 万元后，甲公司被乙公司兼并，甲公司欠乙公司的债务消灭的原因是 （ ）

  A. 免除   B. 混同

  C. 抵销   D. 解除

50. 不安抗辩权行使的条件是：履行债务的当事人 （ ）

  A. 商业信誉受到损害   B. 经营不善

  C. 违法经营   D. 转移财产逃避债务

51. 2015 年 11 月 20 日，杜某将自己的耕牛借给邻居刘某使用，11 月 30 日刘某提出将耕牛卖给自己，杜某表示同意，双方商定了价格，并约定 3 天后交款，但 12 月 11 日，该牛失脚坠崖摔死，对该牛死亡的损失，应当由 （ ）

  A. 杜某承担

  B. 刘某承担

  C. 杜某和刘某各承担一半

  D. 杜某承担三分之一，刘某承担三分之二

52. 甲将房屋出租给乙，租期至 2010 年 12 月止，2010 年 5 月甲将房屋卖给丙，下列表述中正确的是 （   ）

    A. 房屋租赁合同继续有效，出租人为丙，承租人为乙

    B. 房屋租赁合同继续有效，出租人为甲，承租人为乙

    C. 租赁合同终止，但甲应补偿乙的损失

    D. 租赁合同终止，但丙应补偿乙的损失

53. 甲乙订立买卖合同，约定由买方乙自提货物。合同订立后，甲于 1 月 4 日通知乙 1 月 20 日前提货，但乙一直未去提货。1 月 25 日，标的物因不可抗力灭失，该损失由 （   ）

    A. 甲承担   B. 乙承担

    C. 甲、乙共同承担   D. 未支付价款前由甲承担

54. 下列选项中属于要约的是 （   ）

    A. 某股份公司的招标说明书

    B. 某公司在电台播发的广告，称"价格面议"

    C. 某出租车未打开顶灯，在马路上行驶

    D. 某厂设置的自动售货机

55. 债的标的物提存后，在提存期间提存物发生毁损灭失的，其后果由（   ）

    A. 债权人承担   B. 债务人承担

    C. 提存人承担   D. 提存机关承担

56. 下列行为中，属于要约邀请的是 （   ）

    A. 招标说明书   B. 竞买

    C. 投标   D. 悬赏广告

57. 2009 年 12 月，A 公司与 B 公司订立期限为 3 年的房屋租赁合同，合同约定 2010 年 5 月交付房屋，合同订立后，遇房价连续上涨，A 公司为追求利润，欲改出租为出售，但始终向 B 公司保密。B 公司于 2010 年获得确切的 A 公司无意履行合同的证据时，B 公司决定起诉，其向法院提起诉讼的理由应是 （   ）

    A. 拒绝履约   B. 预期违约

    C. 迟缓履约   D. 不适当履约

58. 不适于提存的标的物是 （   ）

    A. 票据   B. 提单

    C. 贵重物品   D. 房产

59. 下列有关免除的表述正确的是 （   ）

    A. 债权人作出免除的意思表示后可以撤回

    B. 免除使债权消灭，但债权的从权利并不因此而消灭

    C. 免除以原债权存在为前提

    D. 免除本身可以是有偿的

60. 甲、乙共同向丙、丁购买大米 800 吨，价格为 2 500 元/吨，约定甲、乙、丙、丁各负连带责任，但未约定履行先后，则下列说法正确的是　　　（　　）

    A. 甲、乙有权一同向丙、丁主张同时履行抗辩权

    B. 甲、乙无权一同向丙、丁主张同时履行抗辩权

    C. 甲、乙必须一同向丙、丁主张同时履行抗辩权

    D. 甲、乙必须分别一同向丙、丁主张同时履行抗辩权

61. 下列可以行使代位权的是　　　（　　）

    A. 甲被法院判定偿还乙 200 万债务后，立即将房产过户到其父亲名下

    B. 丙向丁主张欠自己的钱已经到期，并得知戊欠丁的钱也已到期，但丁拒绝向戊主张权利

    C. 乙因欠庚的货款，与辛密谋把手中的货物以极低的价格甩给辛，然后辛再付一笔钱给乙

    D. 丙向丁主张欠自己的钱已经到期，并得知戊欠丁的钱也已到期，但丁在戊的债务到期前免除了戊的债务

62. 采用数据电文形式订立合同的，合同成立的地点是　　　（　　）

    A. 发件人的主营业地   B. 收件人的住所地

    C. 发件人的住所地   D. 收件人的主营业地

63. 甲受乙委托与丙订立了一份水牛买卖合同，当天甲将货款付清，并说"明天乙来把牛牵走"，当晚该牛被雷击死，则承担该牛死亡损失的是　　（　　）

    A. 甲   B. 乙

    C. 丙   D. 甲、乙、丙

64. 合同的主要条款是合同必须具备的条款，它　　　（　　）

    A. 不能由法律直接规定   B. 只能由法律直接规定

    C. 由合同的类型决定   D. 只能由当事人约定产生

65. 附条件合同中，当事人为自己的利益不正当地阻碍条件成就的　　（　　）

    A. 合同无效

    B. 视为条件成就

    C. 视为条件不成就

    D. 应承担违约责任，并赔偿对方损失

66. 对下列合同不能主张无效的是　　　（　　）

    A. 某甲 3 岁接受其叔赠与 3 000 元

    B. 某乙 10 岁以其压岁钱 5 000 元购买纯金项链一条

    C. 某丙 12 岁以市价购买股票

    D. 某丁 13 岁将其科技发明奖金 5 000 元赠与希望工程

67. 甲向书店购买打折自考辅导资料，双方约定如果对方违约应支付违约金200元，甲交付定金50元。后来书店违约，则甲某最多可以要求某书店赔偿 （　　）

    A. 100 元   B. 200 元

    C. 250 元   D. 300 元

68. 甲公司与乙公司签订买卖合同，双方约定，甲公司于 2015 年 8 月 15 日前交付货物，货到后 30 日内乙公司交付价款 80 万元，违约金 5 万元。合同履行期到来时，甲公司发现乙公司经营状况严重恶化，不能履行债务，甲公司为了避免损失可采用 （　　）

    A. 解除合同

    B. 中止履行合同

    C. 可以要求乙公司承担违约金

    D. 在取得确切证据的情况下中止履行

69. 张三的单位盖了新房，张三预计自己可以分到一套四居室，于是先按房屋面积购买了一些地毯，准备搬入新居时使用，但张三没有分到房屋，则张三购买地毯的行为是 （　　）

    A. 有效行为，该行为的效力与单位分房之间没有内在联系

    B. 可撤销行为，因为张三对于购买地毯的目的存在重大误解

    C. 有效行为，因为该行为虽有误解但不重大

    D. 无效行为，因为张三购买地毯的动机没有实现，其意思表示是不真实的

70. 当事人在合同中约定"如果太阳从西边出来，我就借给你 2 000 元钱。"该约定是 （　　）

    A. 停止条件   B. 解除条件

    C. 否定条件   D. 不属于附条件

71. 下列关于合同中履行地点正确的说法是 （　　）

    A. 修缮房屋合同在房屋所在地履行

    B. 不作为债务的履行地点的为债务人所在地

    C. 经典红木家具买卖必须在家具厂履行

    D. 清偿银行欠款履行地点不明的，又不能达成协议的，在借款人所在地履行

72. 合同所附的以下条件有效的是 （　　）

    A. 如果一年前我的旧房子没有拆，我现在就把房子租给你

    B. 如果今年秋天我儿子不回家，我就把房子租给你

    C. 如果你能帮我搞到毒品，我就把工程承包给你

    D. 如果 10 月 1 日太阳从西边升起，我就请你吃饭

73. 某商店橱窗内展示的衣服上标明"正在出售"，并且标示了价格，则"正在出售"的标示视为　　　　　　　　　　　　　　　　　　（　　）

A. 要约　　　　　　　　　　　　B. 承诺

C. 要约邀请　　　　　　　　　　D. 既是要约，又是承诺

74. 当事人就合同的标的物质量约定不明确的，按照下列顺序确定　（　　）

A. 国家标准、行业标准、通常标准、符合合同目的的特定标准

B. 通常标准、国家标准、行业标准、符合合同目的的特定标准

C. 国家标准、行业标准、符合合同目的的特定标准、通常标准

D. 符合合同目的的特定标准、国家标准、行业标准、通常标准

75. 下列属于无偿合同的是　　　　　　　　　　　　　　　　　（　　）

A. 互易合同　　　　　　　　　　B. 赠与合同

C. 居间合同　　　　　　　　　　D. 承揽合同

76. 根据我国《合同法》的规定，以下关于合同的表述不正确的是　（　　）

A. 合同是一种合意

B. 合同是发生法律效果的法律行为

C. 合同是双方当事人的法律行为

D. 合同是各种主体之间民事权利义务关系的协议

77. 甲公司与乙公司订立一书面合同，甲公司签字盖章后邮寄给乙方公司签字盖章，该合同的成立时间为　　　　　　　　　　　　　　　　（　　）

A. 甲公司与乙公司口头协商一致

B. 甲公司签字盖章

C. 甲公司签字盖章后交付邮寄

D. 乙公司签字盖章

78. 甲欠乙、丙各30万元，为逃避对乙、丙的债务，甲将其50万元财产赠与丁，下列判断正确的是　　　　　　　　　　　　　　　　　　（　　）

A. 乙和丙对甲的同一处分行为不能同时行使撤销权

B. 乙可以撤销甲对丁的50万元财产赠与行为

C. 乙只能撤销甲对丁30万元的赠与行为

D. 乙在行使撤销权时可以以甲为被告，也可以以丁为被告

79. 位于云南的甲（卖方）工厂与位于上海的乙（买方）公司之间签订一买卖合同，约定甲于8月10日通过铁路交货。对于该合同而言，以下事件中属于不可抗力的是　　　　　　　　　　　　　　　　　　　　　　（　　）

A. 甲的生产设备出现故障，致使甲不能按时交货

B. 丙地发生地震，致使甲的原料供应出现困难

C. 因甲产品供不应求，厂领导发布文件要求产品只供应云南省内客户的需要

D. 云南至上海的铁路线被山洪冲毁，致使甲不能按时交货

80. 甲公司于 2 月 5 日以普通信件向乙公司发出要约，要约中表示以 2 000 元每吨的价格卖给乙公司某种型号钢材 100 吨，甲公司随即又发了一封快件给乙公司，表示原要约中的价格作废，现改为 2 100 元每吨，其他条件不变。普通信件 2 月 8 日至达，快信 2 月 7 日到达，乙公司两封信均已收到，但秘书忘了把第 2 封信交给董事长，乙公司董事长回信对普通信件发出的要约予以承诺。关于该案例，下述表述正确的是　　　　　　　　　　　　　　　　（　　）

    A. 合同未成立，要约不明确

    B. 合同未成立，快件撤回原要约，提出新要约

    C. 合同成立，快件的意思表示未生效

    D. 合同成立，要约与承诺取得了一致

81. 甲收藏唐伯虎名画一幅，价值约 10 万元。甲的其他财产价值为 10 万元。甲因做生意失败欠债 60 万元。一日，甲将唐伯虎的画作价 1 万元卖给从香港回来的表弟乙，则下列表述正确是　　　　　　　　　　　　　　（　　）

    A. 若乙不知甲欠巨额外债，则甲的债权人只能行使代位权

    B. 只有在乙明知此买卖有害于债权人的债权的情况下，债权人才可行使代位权

    C. 不管乙是否知道此买卖有害于债权人的债权，债权人均可行使撤销权

    D. 若乙明知此买卖有害于债权人的债权，则债权人可行使撤销权

82. 下列关于合同变更的表述，正确的是　　　　　　　　　　（　　）

    A. 所有的合同变更都必须双方当事人意思表示一致

    B. 当事人对合同变更的内容约定不明确的，推定为未变更

    C. 狭义的合同变更，包括内容的变更和主体的变更

    D. 主合同变更，应该取得从合同当事人的同意才能发生效力

83. 甲与乙签订一份购销羊肉的合同，约定甲在春节前供应给乙 200 千克羊肉。春节前甲未能供应给乙 200 千克羊肉，而是在元宵节后才将羊肉送来。乙拒收，并同时要求解除合同。下列有关本案的说法正确的是　　　　（　　）

    A. 乙不能拒收，但可以要求解除合同

    D. 乙不能拒收，也不能要求解除合同

    C. 乙在甲迟延履行的情况下，未经催告，不得解除合同

    D. 乙可以不经催告而径直解除合同

84. 自然人之间的借款合同从货币交付借款人之日起生效，属于　（　　）

    A. 诺诚性合同　　　　　　　　　　B. 实践性合同

    C. 有偿合同　　　　　　　　　　　D. 无偿合同

85. 在买卖合同中，出卖人对于既没有保质期又没有约定检验期间的，自产品交付之日起几年内出卖人承担瑕疵担保义务？　　　　　　　　（　　）

A. 1　　　　　　　　　　　　　　　B. 2

C. 3　　　　　　　　　　　　　　　D. 5

86. 根据我国《合同法》的规定，债权人领取提存物的权利，自提存之日起几年内不行使而消灭，提存物扣除提存费用后归国家所有？　　　　　（　　）

A. 1　　　　　　　　　　　　　　　B. 2

C. 3　　　　　　　　　　　　　　　D. 5

87. 以合同成立是否需要采取一定形式为标准，合同可分为　　　（　　）

A. 有名合同　无名合同　　　　　　B. 要式合同　不要式合同

C. 双务合同　单务合同　　　　　　D. 诺成合同　实践合同

88. 甲在未征得乙同意的情况下，以乙的名义与丙签订了 10 台电脑买卖合同，则该买卖合同是　　　　　　　　　　　　　　　　　　　（　　）

A. 有效合同　　　　　　　　　　　B. 效力待定合同

C. 无效合同　　　　　　　　　　　D. 可撤销合同

89. 甲公司于 8 月 3 日向乙公司发出要约，购买一批原料，甲公司要求乙公司 10 日内答复。乙公司于 8 月 5 日收到该要约，下列说法正确的是　　（　　）

A. 乙公司最晚于 8 月 13 日作出承诺

B. 乙公司最晚于 8 月 16 日作出承诺

C. 乙公司最晚于 8 月 12 日作出承诺

D. 乙公司最晚于 8 月 17 日作出承诺

90. "某某香水，今年 20，明年 18"，"某某手表，引领手表新潮流"。它们属于

（　　）

A. 要约　　　　　　　　　　　　　B. 要约邀请

C. 交叉要约　　　　　　　　　　　D. 承诺

91. 张三去电脑城询问手提电脑的价格，根据交易习惯，一般认为是　（　　）

A. 要约　　　　　　　　　　　　　B. 要约邀请

C. 引诱要约　　　　　　　　　　　D. 承诺

92. 希望和他方订立合同的意思表示是指　　　　　　　　　　　（　　）

A. 要约　　　　　　　　　　　　　B. 要约邀请

C. 交叉要约　　　　　　　　　　　D. 承诺

93. 根据我国《合同法》的规定，甲拨打 120 电话呼救，急救中心未拒绝救护的便视为　　　　　　　　　　　　　　　　　　　　　　　（　　）

A. 要约　　　　　　　　　　　　　B. 要约邀请

C. 引诱要约　　　　　　　　　　　D. 承诺

94. 要约在性质上属于　　　　　　　　　　　　　　　　　　　（　　）

A. 法律行为　　　　　　　　　　　B. 事件

C. 法律事实　　　　　　　　　　　D. 意思表示

95. 房屋租赁合同约定，如果房东的女儿从国外回来定居，则房屋的出租面积减半，这种情形属于 （ ）

    A. 合同解除   B. 合同转让

    C. 合同变更   D. 合同更改

96. 债权人转让权利的 （ ）

    A. 应当通知债务人，否则对债务人不发生效力

    B. 应当经债务人同意，否则不发生效力

    C. 不通知债务人，对债务人仍然有效

    D. 以上都不正确

97. 根据我国《合同法》的规定，当违约责任与侵权责任竞合时，当事人 （ ）

    A. 应主张侵权责任

    B. 应主张违约责任

    C. 可以同时主张侵权责任和违约责任

    D. 可以选择主张侵权责任或违约责任

二、多项选择题

1. 下列代理人订立的合同有效的是 （ ）

    A. 行为人没有代理权，但被代理人予以追认的

    B. 行为人超越代理权，但相对人有理由相信行为人有代理权的

    C. 法人的法定代表人超越权限订立的合同，但相对人并不知道其越权的

    D. 无处分权的人在订立合同后取得处分权的

    E. 行为人没有代理权，经相对人催告，被代理人未作表示的

2. 合同履行的原则包括 （ ）

    A. 全面履行原则   B. 诚信履行原则

    C. 经济合理原则   D. 情势变更原则

    E. 科学高效原则

3. 下列属于合同无效的情形有 （ ）

    A. 因欺诈、胁迫订立的合同

    B. 以合法形式掩盖非法目的的合同

    C. 损害社会公共利益的合同

    D. 恶意串通损害国家利益的合同

    E. 乘人之危订立的合同

4. 赠与合同的特征包括 （ ）

    A. 赠与合同为转移财产所有权合同

B. 赠与合同为实践合同

C. 赠与合同为双务合同

D. 赠与合同为诺成合同

E. 赠与合同为无偿合同

5. 下列合同中，属于《中华人民共和国合同法》调整的合同有 （　　）

A. 买卖合同　　　　　　　　B. 承揽合同

C. 租赁合同　　　　　　　　D. 劳动合同

E. 赠与合同

6. 不可抗力是违法责任的免责事由，下列各项中属于不可抗力的有 （　　）

A. 市价上涨　　　　　　　　B. 罢工

C. 战争　　　　　　　　　　D. 政府行为

E. 自然灾害

7. 根据我国《合同法》的规定，导致合同终止的法定原因有 （　　）

A. 清偿　　　　　　　　　　B. 混同

C. 提存　　　　　　　　　　D. 解除

E. 抵销和免除

8. 下列属于我国《合同法》适用范围的有 （　　）

A. 婚姻协议　　　　　　　　B. 收养协议

C. 买卖合同　　　　　　　　D. 保管合同

E. 租赁合同

9. 下列属于可撤销合同的有 （　　）

A. 损害公共利益订立的合同

B. 因重大误解订立的合同

C. 显失公平的合同

D. 因欺诈、胁迫订立的合同

E. 乘人之危订立的合同

10. 代位权与代理权的主要区别包括 （　　）

A. 名义不同　　　　　　　　B. 法律性质不同

C. 权限不同　　　　　　　　D. 诉讼资格不同

E. 后果不同

11. 根据我国《合同法》的有关规定，下列要约不得撤销的有 （　　）

A. 要约已到达受要约人

B. 要约人确定了承诺期限

C. 要约人明示要约不可撤销

D. 要约人有理由认为要约是不可撤销的，并已经为履行合同做了准备工作

E. 要约人已经承诺

12. 下列情形中不是承诺的有 （　　）

    A. 受要约人向要约人以外的第三人作出的接受要约的意思表示

    B. 受要约人在承诺期限届满后作出的与要约内容完全一致的答复

    C. 甲给乙去函，提出以单价 580 元出售自行车 100 台，乙复信，如单价 520 元，购买 100 台。乙的答复是承诺

    D. 拍卖人的拍定

    E. 受要约人在承诺期限内作出的与要约内容完全一致的答复

13. 甲与乙签订一买卖合同，甲应予 8 月 12 日支付 200 万元货款。甲到期没有付款且甲目前无钱可付。在以下情形中乙可行使撤销权的有 （　　）

    A. 甲与丙互相串通，甲将值钱的财产送给丙，以逃避欠乙的债务

    B. 丙欠甲 50 万元欠款，已经到期，但甲放弃了债务

    C. 甲父在知道甲欠乙贷款的情况下，仍然接受了甲送给他的赡养费

    D. 甲将价值 100 万元的房屋以 20 万元的价格出售给了好朋友丙，丙知道甲欠乙贷款

    E. 甲将汽车赠与其亲戚丁

14. 下列关于买卖合同的特征，正确的是 （　　）

    A. 买卖合同是有偿合同

    B. 买卖合同是单务合同

    C. 买卖合同是诺成合同

    D. 买卖合同是不要式合同

    E. 买卖合同是转移标的物所有权合同

15. 关于违约金责任条款的法律特征，正确的是 （　　）

    A. 违约金数额是法定的

    B. 违约金条款是从合同

    C. 违约金条款可与实际履行并用

    D. 违约金条款是附延缓条件的

    E. 违约金是违约责任形式之一

16. 关于合同解除，下列表述正确的有 （　　）

    A. 甲雇请乙开车，同时约定，若甲日后自己拿到驾驶执照，则甲有权解聘乙。此即约定解除权

    B. 某学校为欢庆国庆节，向某公司定制一批礼物，约定 9 月 20 日交货。某公司致函某学校，明确告知其无法按时履行，某学校以合同目的无法实现，要求解除合同，并赔偿损失

    C. 某市百货商场与某市服装厂签订一份服装供应合同，约定于 8 月 15 日前交货。但到了 8 月 15 日，服装厂没有按约交货，于是，百货商场于 8 月 16 日提出解除合同，免除合同，并认为其解除合同有法律依据

D. A 公司为履行与 B 公司签订的锅炉买卖合同，委托运输公司送货上门，但途中遇交通事故，导致锅炉毁损，A 公司以事故不是其造成为由提出解除合同，免除自己的责任

E. 甲公司明确向乙公司表示其将不按约定履行合同义务，此时，乙公司可以不经催告，径直解除合同

17. 以下要约中不得撤销的是　　　　　　　　　　　　　　　　（　　　）

A. "请贵公司收到本要约后在两周内予以答复"

B. "如贵公司更改本要约的内容，则视为拒绝要约"

C. "请贵公司在收到本要约后尽快予以答复"

D. "本要约为不可撤销的要约"

E. "本要约为不可撤回的要约"

18. 甲乙签订一份合同，约定甲向乙供应香烟 50 箱，甲负责代办托运，甲乙任何一方违约均应向对方支付违约金 1 000 元。甲委托丙运输，丙因业务繁忙，将其中的 30 箱按期运达乙方，另 20 箱逾期运达且在运输途中遭雨淋而致货物变质，根据上述案情，下列关于本案的表述正确的有　　　　　　　　　　　（　　　）

A. 乙有权主张拒收全部货物

B. 甲方应向乙方支付违约金 1 000 元

C. 对丙的违约应由甲提出索赔

D. 对丙方的违约应由乙方直接提出索赔

E. 丙方应承担货物变质的赔偿责任和逾期交付货物违约责任

19. A 市甲厂与 B 市乙厂签订了一份买卖合同，约定由甲厂供应乙厂钢材 20 吨，乙厂支付货款 6 万元，但合同对付款地点和交货地点未约定，双方为此发生纠纷，付款地点和交货地点应为　　　　　　　　　　　　　　　　（　　　）

A. 付款地点为 A 市　　　　　　　　　B. 交货地点为 A 市

C. 付款地点为 B 市　　　　　　　　　D. 交货地点为 B 市

E. 以上均可

20. 承揽合同是指承揽人按照定作人的特别要求完成一定工作，交付工作成果，定做人给付报酬的合同，下列合同属于承揽合同的是　　　　　　　（　　　）

A. 加工合同　　　　　　　　　　　　B. 定作合同

C. 修理合同　　　　　　　　　　　　D. 测试合同

E. 互易合同

21. 根据我国《合同法》的规定，代位权行使的条件之一是债务人的债权不是专属于债务人自身的债权。对于下列金钱的债权专属于债务人自身的有（　　　）

A. 退休金　　　　　　　　　　　　　B. 抚恤金

C. 财产保险赔偿金　　　　　　　　　D. 养老金

E. 违约金

22. 根据我国《合同法》的规定，下列关于撤销权的行使表述正确的有 （   ）

    A. 债权人撤销权的行使范围以债权人的债权为限

    B. 债权人行使撤销权的必要费用，由债权人承担

    C. 撤销权应自债权人知道或应当知道撤销事由之日起 2 年内行使

    D. 债权人撤销权的行使必须以债务人的行为在主观上存在恶意为条件

    E. 债权人的撤销权自债务人的行为发生之日起 5 年内没有行使的，该撤销权消灭

23. 技术合同包括 （   ）

    A. 技术开发合同   B. 技术转让合同

    C. 技术咨询合同   D. 技术服务合同

    E. 技术买卖合同

24. 在租赁合同中，出租人的主要义务有 （   ）

    A. 按照约定交付租赁物   B. 保持租赁物符合约定用途

    C. 租赁物瑕疵担保义务   D. 转移租赁物所有权

    E. 保持租赁物符合约定品质

25. 提存的当事人包括 （   ）

    A. 债务人   B. 债权人

    C. 提存部门   D. 人民法院

    E. 公安部门

三、简答题

1. 简述要约与要约邀请的区别。

2. 简述可撤销合同的种类。

3. 简述违约责任的特征。

4. 试述买卖合同当事人的主要义务。

5. 简述合同的概念和特征。

6. 简述合同解除的特征。

7. 简述提存的原因。

8. 简述承诺的要件。

9. 试述合同生效应当具备的条件。

10. 简述合同被确认无效或被撤消的法律后果。

11. 简述借款合同借款人的主要义务。

12. 简述承揽合同的特征。

四、论述题

1. 论无权处分人处分他人财产的合同及其效力。

2. 论合同的成立与生效。

3. 论债权人撤销权与合同当事人撤销权的不同。

4. 论代位权与代理权的区别。

五、案例题

1. 15 岁的中学生杨某私自到购物商场购买了一台价值 1.5 万元的笔记本电脑。当日拿回家后被其父亲发现。杨父得知实情后，不同意购买该笔记本电脑。次日，杨父便拿着笔记本电脑到商场要求退货，该商场以笔记本电脑已经售出且无任何质量问题为由拒绝退货。

根据上述材料，回答下列问题：

（1）杨某与商场之间的笔记本电脑买卖合同在其父知情之前效力如何？

（2）杨某的父亲到商场要求退货后，该买卖合同的效力如何？

（3）商场是否有义务退货？

2. 章某和李某订有菜籽油买卖合同，合同订立后，章某交付了菜籽油货款，约定10天之内来提货。但是，10天后，仍不见章某来。后来李某找到章某的家属要求其提货，章某的家属拒绝提货。于是，李某到当地的公证机关，申请提存这批菜籽油，提存机关认为菜籽油不宜保存，因此要求李某把菜籽油变卖后提存菜籽油的价金。李某把菜籽油变卖后，将扣除了保管费用后的余款向当地公证部门提存。

根据上述材料，回答下列问题：

（1）李某的提存行为是否符合法律规定？为什么？

（2）如果5年后章某仍未出现，则提存的现金归谁所有？为什么？

3. 2015年8月5日，曾某在某商场购买了一台空调，支付价款5 500元，商场承诺8月12日前送货。8月10日商场送货途中突遇山洪暴发，导致车货全毁，不能按期交货。

根据上述材料，回答下列问题：

（1）本案中，商场是否可以主张免除违约责任？为什么？

（2）假如商场8月19日才送货并在送货途中突遇山洪暴发，车货全毁，那么商场是否应承担违约责任？为什么？

4. 甲中学与乙服装厂签订了学生校服定做合同。约定：合同标的额 5 万元；开学前一周内乙厂先交付校服，开学后两周内甲中学付清全款；任何一方违约应向对方支付合同标的额 10% 的违约金。在交货前乙厂听说甲中学信誉不好，于是通知甲中学中止交货，并要求甲中学先付货款。甲中学拒绝并要求乙厂按约定时间交货，但乙厂未依约交付校服。经协商未果，甲中学通知乙厂限 3 天内交货，否则解除合同。

根据以上案情，请回答下列问题：

（1）乙厂中止交货是否合法？说明理由。

（2）乙厂中止交货应否承担法律责任？若应承担，则承担什么责任？

（3）甲中学是否有权解除合同？说明理由。

5. 2004 年 5 月 12 日，甲、乙签订大米买卖合同。合同约定，由乙向甲提供一级大米，每三个月供应 300 吨，合同时间为一年。合同还约定，如果市场销售价格连续十天低于每吨 2 800 元，则双方可以终止合同。合同争议解决方法为卖方所在地仲裁机构仲裁。本合同从签订之日起开始执行。

2004 年 10 月初，一级大米市场销售价格超过十天低于每吨 2 800 元，甲于 2004 年 11 月 8 日通过特快专递向乙发出终止买卖合同的通知。2004 年 11 月 11 日乙接到通知，并于 2004 年 11 月 12 日向甲发出回函，认为自己已经开始准备下一个阶段的供货，不同意终止合同。该回函于 2004 年 11 月 15 日到达甲。双方发生争议。

根据以上案情，请回答下列问题：

（1）本案合同解除属于什么形式的解除？

（2）本案合同解除如果成立，合同解除日期应该是什么时间？

（3）本案如果甲认为由于该合同已经解除，约定的争议解决方法已经无效，那么乙应当采取的法律手段是什么？

6. 陈某与高某订立买卖耕牛的合同，双方约定高某以 800 元的价款购买陈某的耕牛，高某当场交付了人民币 500 元，言明第二天 10 点前交足余款将牛牵走。不料当晚牛被雷电击毙，第二天高某依约前来，见牛已死亡，要求陈某退还 500 元人民币。陈某则认为，高某已给自己 500 元，买卖已成交，所有权已归买方，牛系意外死亡，责任应由高某承担，故拒绝退款。

根据以上案情，请回答下列问题：

（1）本案牛的所有权从什么时候转移？为什么？

（2）本案应如何处理？为什么？

7. 某工程公司承建 B 市东方广场急需水泥，遂向清河水泥厂和通津水泥厂各发出电报，电报内容为："我公司需要水泥 500 吨，如贵厂有水泥，请通知我公司，我公司将派人员前往验货，联系购买事宜。"清河水泥厂收到电报后，给工程公司拍发了电报，电报中列明了该厂生产的水泥的型号和价格。通津水泥厂则通过传真通报了自己工厂的水泥型号和价格。当时，通津水泥厂有 500 吨水泥滞留在 A 市，见到工程公司的电报后，通津水泥厂厂长电话通知在 A 市郊区建筑地的副处长李某，令其将 500 吨水泥用火车运到 B 市火车站交给工程公司。工程公司收到清河水泥厂的电报后，派人员前往验货并购买了 500 吨水泥。第七天，清河水泥厂的 500 吨水泥和通津水泥厂的 500 吨水泥同时运达工程公司所在的火车站，因为工程公司拒绝接收通津水泥厂的水泥，通津水泥厂的代表将水泥运到工程公司的工地后离去。当晚，因降大雨，水泥被淋湿，无法使用，通津水泥厂起诉，要求工程公司支付水泥款。

根据以上案情，请回答下列问题：

（1）工程公司拍发的电报的性质是什么？理由是什么？

（2）通津水泥厂将 500 吨水泥运到工程公司的工地的行为的性质是什么？

（3）工程公司拒绝接受通津水泥厂的水泥是否有法律依据？理由是什么？

（4）法院应否支持通津水泥厂的诉讼请求？为什么？

（5）运到工程公司的水泥被淋湿无法使用，其损失应由谁负担？

8. A 向 B 租借一店铺，用于做水果零售，A 以 1 元/千克的价格向 C 定购西瓜 5 吨，由 A 自行提货，合同约定违约金为合同标的的 20%，合同签订之日，A 还支付了定金 500 元。未料在西瓜合同履行期的前 10 天，因店铺相邻方 D 的家用电器起火，祸及 A 的店铺，使其不得不停止营业，A 当即将火灾原因通知 C，告知无法继续履行，要求解除合同，C 回电不同意解除合同。合同履行期限届满（此时市场西瓜的最低价为 0.8 元/千克），C 未见 A 来提货，便以 A 拒绝履行为由起诉至法院，要求 A 支付全部货款、20% 违约金和没收定金。

根据以上案情，请回答下列问题：

（1）A 能否以火灾免除自己的合同义务，为什么？

（2）本案是 A 单独违约，还是 A 与 D 的共同违约？

（3）C 要求 A 支付全部货款的主张能否获得法律的支持？

（4）要求 A 支付违约金和没收定金的主张能否获得法院的支持？

9. 某商场于 5 月 10 日分别向甲厂和乙厂发出了信函：我商场急需 A 型日光灯 1 500 支。如果你厂有货，请来函告知，具体价格面议。甲厂收到该信后，于 5 月 15 日给商场回信：你商场所需的 A 型日光灯我厂有现货，每支价格 50 元，如果需要的话，请先预付货款 5 000 元，余款货到后支付；请 5 月 20 日前回复，该商场收到甲厂的回信后，认为甲厂提供的货款支付方式可以接受，但是希望每支价格为 45 元，于是甲厂在 5 月 19 日收到该商场发出的第二封信，内容是：我商场愿意和你厂达成这笔交易，但每支价格能否降低为每支 45 元，希望你厂能送货上门，并在 6 月 1 日后给予答复。该商场又于 5 月 20 日收到乙厂报价信：我厂有你商场需要的日光灯，价格为 42 元。如果同意购买，请在 5 月 30 日之前给予答复。该商场认为乙厂的价格合理，于是 5 月 27 日向乙厂发出表示同意乙厂的条件的信函。5 月 29 日，乙厂收到该商场发出的同意信函。

根据以上案情，请回答下列问题：

（1）该商场给甲厂和乙厂的信函在合同法上被称为什么？

（2）该案例中哪些信件属于要约？为什么？

（3）如果甲厂收到该商场的第二封信后，在 6 月 1 日给予该商场答复表示同意，但商场以已与乙厂订立买卖合为由，拒绝与甲厂订立合同，那么，甲与商场之间的合同是否成立？为什么？

（4）如果商场发给乙厂的信由于邮局的原因而没能在 5 月 30 日送达乙厂，乙厂并没有表示是否接受这封迟到的信函，该商场和乙厂的买卖合同是否成立？请说明理由。

（5）如果另有一家丙厂与乙厂是竞争对手，知道乙厂正与商场商讨购买日光灯事宜，向商场表示愿意与其订立合同，并且每支日光灯价格只有 35 元，其目的就是阻止乙厂与商场达成合同，而后在商场与丙工厂商量购买事宜时，丙工厂又不同意以 35 元价格出卖，致使商场错过时机，没法购买 A 型日光灯。商场可否要求丙厂承担责任？承担何种责任？说明理由。

10. 甲公司与乙公司 2010 年 1 月 15 日签订买卖合同，约定甲公司 2010 年 2 月 1 日向乙公司交付汽车一辆，乙公司须于 2010 年 1 月 31 日支付 35% 的货款，其余货款于 2010 年 2 月 10 日支付。合同签订后，乙公司于 2010 年 1 月 30 日向甲公司的银行账户汇入 25% 的货款，其余 10% 未付，2010 年 2 月 1 日，乙公司向甲公司要求提车，被甲公司拒绝。

请根据合同法原理，回答下列问题：

（1）乙公司认为自己已经支付了 25% 的货款，有权向甲公司提车的要求是否符合合同约定？

（2）甲公司是否有权拒绝履行交车的义务？依据是什么？

（3）如果甲公司拒绝履行交车义务，应该采取什么方式？甲公司是否有权要求乙公司承担违约责任？

（4）如果乙公司 2010 年 2 月 1 日当场支付了剩余 10% 的货款，是否有权向甲公司提车？甲公司能否以乙公司迟延付款拒绝交车？

11. 甲将自己所有的一间简屋出租给乙使用，乙将该屋用于水果批发，后乙业务发展，又向他人租借了更大的场地，便擅自将向甲租用的房屋，以自己的名义租给丙，尽管乙始终按时支付房租，但甲得知后，便以乙擅自转租为由，诉至法院要求解除其与乙的合同。正在诉讼期间，该地区遭遇百年不遇的强台风的袭击，导致该出租的简屋倒塌，造成丙财产损失 5 000 元。

请根据合同法原理，回答下列问题：

（1）甲的合同解除主张能否获得法院支持，为什么？

（2）如何评价乙与丙间的租赁合同？请具体说明理由。

（3）如甲与乙的合同解除了，丙如何维护自己的权利？

（4）该出租房倒塌造成丙的损失，应由谁承担，为什么？

12. 王某长期住在城里，乡间的 6 间祖传老屋一直委托曹某管理。曹某因办乡村企业缺乏资金，就打起了这 6 间老屋的主意。曹某一方面鼓动王某将老屋出售，另一方面与朱某多次在现场看房协商出售。曹某对朱某称：只要你暂借给我 20 万元钱款，我就将老屋以最低价 12 万元卖给你。但在朱某向曹某提供了 20 万元借款后，曹某一直以各种借口拖延订立售房协议，而另以 15 万元的价格将老房卖给了钱某，收取了钱某 5 万元预付款，王某听说后表示不同意。随后曹某又以 18 万元的价格将 6 间老屋卖给了张某，约定一个月后付清余款并办理过户登记。一周后，曹某终于说动了王某将老屋以 13 万元的价格出售给曹自己，并办理过户手续。

问：曹某与朱某、钱某、张某之间是否达成售房协议，协议是否有效，为什么？曹某分别对朱某、钱某、张某负何责任？

13. 2010 年 10 月 15 日，某研究所与乙公司签订了一份《网络工程合同》，约定由乙公司负责该研究所互联网工程建设。

2010 年 11 月 2 日，乙公司因购买上述工程所需网络设备与丙公司签订了一份《网络设备供货合同》。该合同约定，由丙公司向乙公司供应网络设备，货款总金额为 68 万元人民币，合同签订之日起 3 个工作日内由乙公司向丙公司支付总货款的 20%，其中一半作为预付款，一半作为定金，在 15 个工作日内丙公司将网络设备直接发运到研究所，研究所接到货后 5 个工作日付清余款。合同还约定，网络设备只能用于研究所的网络工程建设。

但是，在网络设备发到研究所 5 个工作日后，乙公司对应该支付给丙公司的货款一直不予理睬。乙公司在研究所的网络工程项目已完成，研究所尚欠乙公司 58 万元的网络工程款已到期，但乙公司并没有采取诉讼或仲裁的方式催要该笔到期款项。

根据以上案情，请回答下列问题：

（1）丙公司可否直接向研究所要求支付货款？

（2）丙公司如何高效率地实现其债权？

（3）乙公司应该承担怎样的违约责任？乙公司应向丙公司支付多少款项？

14. 利群房地产开发公司8月份筹建"利群花园"。9月份初，公司就做出广告，吸引市民。9月13日，李某向公司提出购买该花园的一个单元房。公司表示，可预先登记，并留下联系方法。李某就登记了一个单元房号。11月4日，公司和李妻没有签订房屋买卖合同，但公司收下李妻的"定金"10 000元，并开了收据给李妻。后因公司未按时交房，李某提起诉讼，请求判令该公司按其登记房屋履行交房义务。但该公司的所有商品房已全部售完。

根据以上案情，请回答下列问题：

（1）该公司与李某及其妻子的各个行为的法律性质是什么，并说明理由。

（2）房屋买卖合同存在了吗？本案应如何处理？

15. 张某与胡某签订了一份租房合同。合同约定：张某租给胡某公路边住房两间；每月租金为 1 260 元，每月 30 日张某按合同约定支付租金；租期两年，从 1999 年 8 月 1 日起至 2001 年 7 月 31 日止，并约定张某于 1999 年 7 月 15 日前付定金 5 000 元。合同签订后，张某于 7 月 10 日按合同付定金给胡某，胡某当即交了住房给张某，张某开房门查看之后，用自己买的锁锁了门。8 月 5 日，张某找到胡某，提出不租房屋的要求，并要求胡某退还 5 000 定金。胡某只同意张某不租住自己的房屋，但不同意退还定金给张某。

根据以上案情，请回答下列问题：

（1）张某与胡某之间的合同是附条件还是附期限合同？

（2）张某的行为是否构成违约？为什么？

（3）定金应否退还？为什么？

16. 甲公司在某电视台的地震赈灾募捐晚会上公开表示捐赠救灾物资折合人民币 1 000 万元，捐款人民币 3 000 万元。甲公司将所捐赠救灾物资运往灾区途中，部分救灾物资因山体滑坡而毁损。3 000 万元捐款实际支付 1 500 万元，剩余的部分甲公司随后表示撤销。

根据以上案情，请回答下列问题：

（1）本案赠与合同何时成立？说明理由。

（2）因山体滑坡而毁损的部分捐赠物资，赠与人应否承担赔偿责任？说明理由。

　　（3）甲公司撤销的 1 500 万元捐款能否成立？为什么？

　　（4）受赠人是否可以要求甲公司支付未付的 1 500 万元？为什么？

　　17. 甲公司向乙公司发传真：甲公司有海花牌电视机 2 000 台，每台 1 000 元，可送货上门。收货无误后 10 日内付款，实行三包。如有意购买，请 10 日内回复。乙公司收到传真后，在 10 日内回复：不愿意购买，但可以代销，按代销额的 0.03 收取代销报酬。甲公司回复传真：愿意代销，数量为 500 台，按代销额的 0.02 计算代销报酬。乙公司回复同意。

　　根据合同法原理，回答下列问题：

　　（1）有效要约的成立要件是什么？

　　（2）甲公司与乙公司之间是否成立电视机买卖合同？

　　（3）甲公司与乙公司之间是否建立合同关系？

18. 2015 年 4 月 28 日，张三到某超市购买手机，发现一款别处售价 6 999 元的手提电脑在该超市仅售 4 999 元，张三见状即购买了两台。购买后，张三将一台手提电脑赠与表弟李四。事后，某超市发现该款手提电脑价格标签书写错误，正确价格应为 6 999 元。某超市找到张三要求退还两台手提电脑。

根据合同法原理，回答下列问题：

（2）张三与某超市之间的买卖合同效力如何？为什么？

（2）某超市能否请求张三返还手提电脑？某超市应采取什么措施？

（3）某超市能否请求李四返还手提电脑？为什么？

参考答案

一、单项选择题

1. C	2. A	3. D	4. C	5. C	6. B	7. D	8. C	9. B
10. B	11. A	12. D	13. B	14. C	15. B	16. D	17. A	18. B
19. A	20. A	21. B	22. B	23. A	24. D	25. C	26. B	27. A
28. C	29. D	30. D	31. D	32. D	33. B	34. D	35. C	36. C
37. B	38. A	39. B	40. C	41. C	42. C	43. B	44. C	45. C
46. D	47. C	48. D	49. B	50. C	51. B	52. A	53. B	54. D
55. D	56. C	57. B	58. C	59. C	60. A	61. C	62. C	63. C
64. D	65. B	66. A	67. B	68. D	69. A	70. D	71. D	72. B
73. A	74. A	75. B	76. B	77. D	78. C	79. D	80. B	81. D

82．B　　83．D　　84．B　　85．B　　86．D　　87．B　　88．B　　89．A　　90．B

91．A　　92．A　　93．D　　94．D　　95．C　　96．A　　97．D

二、多项选择题

1．ABCD　　2．ABCD　　3．BCD　　4．ADE　　5．ABCE　　6．BCDE

7．ABCDE　8．CDE　　9．BCDE　　10．ACDE　11．BCD　　12．ABC

13．ABDE　14．ACDE　15．BCDE　16．ABE　　17．ADE　　18．BCE

19．AB　　20．ABCD　21．ABD　　22．AE　　23．ABCD　24．ABCE

25．ABC

三、简答题

1．答：（1）要约的相对人一般都是特定的，而要约邀请的相对人是非特定的。

（2）要约的内容具体确定，而要约邀请的内容一般是不确定的。

（3）要约是订立合同的行为，对要约人具有约束力，而要约邀请是合同订立的预备行为，对行为人没有约束力。

2．答：（1）因重大误解订立的合同。

（2）显失公平的合同。

（3）因欺诈订立的合同。

（4）因胁迫订立的合同。

（5）乘人之危订立的合同。

3．答：（1）违约责任以不履行合同义务为主要条件。

（2）具有相对性，它只能在当事人之间发生。

（3）具有补偿性，旨在弥补因违约行为造成的损害结果。

（4）具有任意性，违约责任的比例、数额可由当事人约定。

4．答：（1）出卖人的主要义务：

①交付标的物并转移标的物所有权的义务；

②瑕疵担保的义务。

（2）买受人主要义务：

①支付价款的义务；

②接受标的物并对其检验和通知的义务。

5．答：合同是指平等主体的自然人、法人、其他组织之间设立、变更、终止民事权利义务的协议。合同具有以下特征：

（1）合同是两个或两个以上当事人之间的协议；

（2）合同是当事人在平等自愿的基础上达成的协议；

（3）合同是当事人设立、变更、终止民事权利义务关系的协议。

6．答：（1）合同解除以合同有效为前提，无效合同、效力未定合同不存在合同解除的问题。

（2）合同解除必须基于合同当事人达成解除协议，或者基于法定或者约定解除条件出现。

（3）基于法定或者约定条件解除合同，享有解除权的一方当事人应采用通知方式解除合同。通知到达相对人时，发生解除的效力。

（4）解除合同必须在法定除斥期间内行使，法律没有规定除斥期间的，解除合同应该在合同履行完毕之前行使。合同履行完毕，不存在合同解除问题。

7. 答：根据我国《合同法》第一百零一条的规定，提存原因有：

（1）债权人无正当理由拒绝受领。

（2）债权人下落不明。

（3）债权人死亡未确定继承人或者丧失民事行为能力未确定监护人。

（4）法律规定的其他情形。

8. 答：（1）承诺须由受要约人向要约人作出；

（2）承诺须在要约规定的期限或在合理期限内达到要约人；

（3）承诺的内容须与要约的内容一致。

9. 答：（1）订约人应具有相应的民事行为能力；

（2）意思表达真实；

（3）不违反法律和社会公共利益；

（4）合同的标的必须确定和可能，具有履行实现的可能性。

10. 答：合同被确认无效或被撤消的法律后果：

（1）返还财产；

（2）赔偿损失；

（3）收归国库或返还集体或第三人。

11. 答：（1）依约提供担保；

（2）如实申报义务；

（3）按照约定用途使用借款；

（4）按期支付利息、归还本金。

12. 答：（1）以完成一定工作为内容的合同；

（2）标的物具有特定性；

（3）承揽人的工作具有独立性；

（4）承揽合同是诺成性合同、双务合同、有偿合同、不要式合同。

四、论述题

1. 答：无权处分他人财产的合同是指无处分权人擅自订立的处分他人财产的合同。根据《中华人民共和国合同法》第五十一条的规定，无处分权的人处分他人财产，经权利人追认或者无处分权的人订立合同后取得处分权的，该合同有效。

根据《最高人民法院关于审理买卖合同纠纷案件适用法律问题的解释》第三条的规定，无权处分合同的当事人主张合同无效的，人民法院不予支持。对于无权处分合同的效力应区分为三种不同情况：

（1）权利人追认的，该合同自始有效。权利人的追认既可向相对人表示，也可向无权处分人表示。权利人追认后，该合同的权利人和相对人形成合同关系，无权处分人转化为代理人。

（2）无权处分人取得处分权后，该合同自始有效。

（3）无权处分合同未被权利人追认，无权处分人也未取得处分权的，该合同对权利人不发生效力；无权处分人应对该无权处分合同承担履行不能的违约责任。

2. 答：根据《中华人民共和国合同法》第四十四条的规定，依法成立的合同，自成立时生效。合同的成立是指当事人就合同的主要条款达成合意；合同生效是指符合生效要件的合同产生的法律效力。在多数情况下，依法成立的合同就具备了生效要件，从成立时就生效。但在有些情况下，合同虽然成立但由于缺少生效要件，合同不具有履行力。合同的生效要件，是衡量合同是否有效的重要条件。根据我国《民法通则》和《合同法》的相关规定，合同生效应当同时具备以下条件：

第一，订约人应具有相应的民事行为能力：

（1）无民事行为能力人所订立的纯获利益的合同有效。

（2）限制民事行为能力人所订立的与其年龄、智力等相适应的合同有效。

（3）完全民事行为能力人所签订的合同有效，但法律明文禁止的除外。

（4）法人和其他经济组织所签订的合同有效，其超范围经营所签订的合同原则上有效，但违反法律的禁止性规定、限制性规定、特许性规定的无效。

（5）企业法人的分支机构所签订的经营性合同有效，但企业法人的分支机构为他人债务所签订的保证合同，未经法人同意的无效。

（6）法人或其他经济组织的法定代表人超越职权签订的合同，除相对人知道或应当知道其超越职权的以外，其代表行为有效。

第二，意思表示真实。这是指行为人作出的意思表示与其内心意思一致。可以从两个方面认定其意思表示是否真实：

（1）行为人的意思表示是自愿的，不是被他人或组织强制实施的。

（2）行为人的意思表示与主观意思是一致的。

第三，不违反法律和社会公共利益。合同的内容不违反法律、法规的强制性规定，不损害社会公共利益。

第四，合同的标的必须确定和可能，具有履行实现的可能性。这里所说的"合同标的确定"，是指合同标的能够确定，合同标的不能够确定的，合同不具有成立效力，更不具有生效效力。

3. 答：（1）债权人撤销的合同是债务人与第三人之间的合同，该合同在撤销之前是有效合同，不是可变更、可撤销的合同。合同当事人撤销的合同是当事人自己与相对人之间的合同，该合同属于可变更、可撤销的合同。

（2）债权人撤销的债务人与第三人的合同，应是债权发生之后的合同，对于债权发生之前的债务人的合同，债权人不得撤销。合同当事人撤销权不存在此问题。

（3）债权人撤销权撤销的合同，应是债权发生后债务人所为的危害债权的合同，如债务人无偿转让财产、债务人放弃债权、债务人以明显不合理的低价转让财产且受让人知道的等。合同当事人的撤销权是基于合同订立时存在欺诈、胁迫、乘人之危、重大误解、显失公平而享有的。

（4）债权人撤销权受两个除斥期间的限制，即债权人知道或应当知道撤销事由起1年和债务人实施上述行为之日起5年；合同当事人撤销权只受1年除斥期间的限制。当然合同当事人撤销权和债权人撤销权的行使方式及行使效果是相同的，即应采取诉讼方式行使，不得采用通知方式行使，均发生恢复原状的效力。

4. 答：（1）名义不同。代理人是以被代理人的名义，代位权人是以自己的名义。

（2）权限不同。代理人的权限是在委托授权或指定、法定的范围以内；代位权人的权限是在债权人的债权范围以内。

（3）诉讼资格不同。代理人一般不具有原告资格，代位权人具有原告资格。

（4）后果不同。代理的法律效果归于被代理人，代位权的法律效果是债权人债权的实现。

五、案例题

1. 答：（1）效力待定。因为杨某为限制民事行为能力人，其不能独立签订笔记本电脑购买合同。

（2）无效。杨某的父亲到商场要求退伙的行为系拒绝追认杨某的购买行为，该买卖合同效力自此确定为无效。

（3）商场有义务退货，合同无效的法律后果之一为返还财产，因此商场应予退货。

2. 答：（1）李某的提存行为符合法律规定，因为债权人下落不明，而财产保管人拒绝受领债务履行的情况下，债务人可以提存标的物。

（2）如果5年后章某仍未出现，则提存的现金归国家所有。按我国《合同法》规定，债权人领取提存标的物权利在5年内不行使而消灭，提存物扣除提存费用后归国家所有。

3. 答：（1）商场可以免除责任。因山洪属于不可抗力事件，商场可以主张免除违约责任。

（2）商场应承担违约责任。因不可抗力是在商场迟延履行合同的情况下发生的，故不能免除商场违约责任。

4. 答：（1）乙厂中止交货不合法。

按我国《合同法》的规定，乙厂中止交货行使不安抗辩权，必须有确切证据证明甲中学有丧失商业信誉的情况，而乙厂仅是听说，缺乏确切证据。

（2）乙厂中止交货应承担法律责任，应向甲中学承担违约责任，支付约定违约金5 000元。

（3）甲中学通知解除合同符合法律规定。

按我国《合同法》的规定，乙方迟延履行主要债务，经催告仍不履行，甲方有权解除合同。

5. 答：（1）单方解除及约定解除。

（2）2004年11月11日。

（3）向自己公司所在地仲裁机构申请仲裁。

6 答：（1）牛的所有权从高某交足余款将牛牵走时转移。

因为对要物合同来说，尽管当事人达成了合意，合同已经成立，但合同并不能生效，合同必须自当事人实际交付标的物以后才能生效。

（2）陈某承担损失，应退还500元。因为高某所交500元属预付款，预付款的交付在性质上是一方履行主合同的行为，合同履行时预付款充抵价款，合同不履行时预付款应当返还。

7. 答：（1）性质是要约邀请。

因为该行为只是行为人希望订立合同的意思，并不能确定行为人具有一经对方承诺即接受承诺后果的意图，而只是向对方提供某种信息，希望对方向自己提出订约条件，因此，该行为只是要约邀请，而不是要约。

（2）性质是发出要约。

（3）有法律依据。

理由是：工程公司拒绝接受通津水泥厂的水泥实质是对通津水泥厂发出要约行为的一种拒绝的承诺，即双方没有达成合意，更不存在合同成立的效力。

（4）法院不应支持通津水泥厂的诉讼请求。双方当事人并不存在合同权利义务关系，运送水泥只是通津水泥的一种要约行为，而工程公司明确承诺拒绝接收水泥，双方没有达成合意。

（5）损失应成由通津水泥厂承担。因为该损失是由不可抗力造成的。

8. 答：（1）A不能以火灾免除合同义务，因为起火原因是第三人的侵权行为所为，不属于法定免责事由。

（2）为A的单方违约行为。

（3）C未能采取措施防止损失的扩大，所以请求A支付全部货款的主张不能得到法院的支持。

（4）C只能在违约金和没收定金之间予以选择，不能同时主张。

9. 答：（1）商场给甲厂和乙厂的信函被称为要约邀请。

（2）甲厂5月15日给商场回信、甲厂在5月19日收到商场发出的第二封信、商场5月20日收到乙厂的信函均具备要约条件，为要约。

（3）此情况下，甲厂与商场之间的合同成立，因为6月1日给商场同意的答复是有效期内承诺，承诺生效，商场拒绝的话应承担违约责任。

（4）商场和乙厂的买卖合同也成立，因为我国《合同法》规定：受要约人在承诺期限内发出承诺，按照通常情形能够及时到达要约人，但因其他原因承诺到达要约人时超过承诺期限的，除要约人及时通知受要约人因承诺超过期限不接受该承诺的以外，该承诺有效。

（5）商场可要求丙厂承担缔约过失责任，丙厂属于假借订立合同、恶意进行磋商。

10. 答：（1）不符合合同约定。

（2）甲公司有权拒绝履行交车的义务，理由是甲公司行使先履行抗辩权。

（3）甲公司拒绝履行交车义务应该采取明示方式，有权要求乙公司承担违约责任。

（4）乙公司有权要求甲公司交车，甲公司不得以乙公司迟延付款拒绝交车。

11. 答：（1）甲解除合同的主张能得到法院的支持，擅自转租是解除合同的法定事由。

（2）乙与丙的合同如不存在无效和可撤销的事由，应为有效合同，租赁合同不以出租人对出租物有所有权为前提。

（3）转租后，如原出租人甲解除了租赁合同，转租的承租人丙，可依合同追究转租人乙的违约责任。

（4）房屋倒塌是因不可抗力所造成，属于法定免责事由，应由丙自己承担。

12. 答：（1）曹某与朱某的协议未成立，曹某有假借订立合同、恶意进行磋商，从中谋取私利欺骗、损害他人利益的动机，应负缔约过失责任。

（2）曹某与钱某的协议虽成立，但未能生效，因为曹某属于处分他人财产，事后未获权利人同意；曹某应退回预付款，并应负损失赔偿责任。

（3）曹某与张某的协议成立、有效，曹某属于处分他人财产，事后取得了处分权；曹某负履行的义务。

13. 答：（1）尽管丙公司将网络设备发运到研究所，但丙公司与研究所之间没有合同关系，研究所收货属于接受丙公司履行合同义务的第三人，而不是当事人，研究所不因收货而欠丙公司货款，只欠乙公司的网络工程款。所以，丙公司不能要求研究所支付货款。

（2）丙公司高效率地实现其债权的有效途径是行使代位权、向法院提起代位权诉讼，请法院判决研究所将其欠乙公司的工程款支付给丙公司。因为丙公司行使代位权的条件完全成就。首先丙公司对乙公司的债权合法、有效、到期；其次乙公司怠于行使其对研究所的到期货币债权且乙公司对研究所的债权并不是专属于乙公司自身。

（3）由于乙公司和丙公司之间的合同已经约定了定金，乙公司违约，应该丧失定金（6.8 万元人民币）的所有权，所以，乙公司还须向丙公司支付 61.2 万元。

14. 答：（1）①利群公司所做的广告，意在吸引公众，引诱他人向自己发出买楼要约，并未包含订立合同的实质条款与内容，按照合同法原理，其性质为要约邀请。

②李某向公司提出要求以及预定，其内容具体确定，并表明一经承诺，即受其约束。按照合同法原理，即应属于李某向公司提出的买房要约。

③李妻交给公司的 10 000 元，公司并开具收据，应为双方签订了一个预约合同。

（2）在本案中，楼房单元买卖合同并未成立。从上述表述可以看出，双方并没有在协商过程中就买卖一单元房屋达成合意，要约、承诺的过程没有完成故而买卖合同不成立，但买卖的预约合同却成立。违反预约合同，应承担违约责任。因此，可以判决公司向王某退还 10 000 元。王某其他诉求不应支持。

15. 答：（1）是附期限合同。

（2）张某的行为构成违约。因为合同约定生效期为 8 月 1 日，8 月 5 日张某以其行为明确表示不履行合同，已构成违约。

（3）定金不应退还。因为《中华人民共和国合同法》第一百一十五条规定，当事人可以依照《中华人民共和国担保法》的规定：约定一方向对方给付定金作为债权的担保。债务人履行债务后，定金应当抵作价款或者收回。给付定金一方不履行约定的债务的，无权要求返还定金。

16. 答：（1）赠与合同于募捐晚会赠与人捐赠，受赠人接受时成立。赠与合同属于诺成合同，自承诺时成立。

（2）赠与人不需承担赔偿责任。根据我国《合同法》的规定，只有赠与人因故意、重大过失致使赠与财产毁损、灭失的，才承担赔偿责任，而本案中甲公司没有故意、重大过失。

（3）未支付的 1 500 万元甲公司不能撤销。根据我国《合同法》的规定，对具有救灾、扶贫等社会公益性赠与，赠与人不得任意撤销。

（4）受赠人可以要求甲公司支付未付的 1 500 万元。受赠人享有无偿取得权利，对于具有救灾、扶贫等社会公益性赠与，赠与人不交付赠与财产的，受赠人可以要求支付。

17. 答：（1）有效要约成立的条件是：要约向特定的相对人发出、要约的内容应当明确具体 、要约还应表明一经受要约人承诺，合同即成立，要约人便受其约束。

（2）甲乙两公司不成立电视机买卖合同。因甲公司传真虽构成要约，但乙公司没有接受，并改买卖合同为代销合同，重新发出要约。

（3）甲乙两公司建立合同关系。甲公司的第二个传真是关于代销的要约，乙公司对其的接受为承诺。因此，双方成立代销合同。

18. 答：（1）可撤销合同。根据我国《合同法》的规定，因重大误解订立的合同和在订立合同时显失公平的，可申请变更或者撤销。超市将 6 999 元标为 4 999 元，属于重大误解，可撤销。

（2）可以。某超市可以请求变更或者撤销合同。

（3）不可以。张三、李四之间是赠与合同，超市不属于合同当事人，不能要求李四返还手提电脑。

第四章—第五章　专利法、商标法

一、单项选择题

1. 下列不能构成工业产品外观设计的要素的是　　　　　　　　（　　）
   　A. 形状　　　　　　　　　　　　B. 图案
   　C. 色彩　　　　　　　　　　　　D. 液态物质

2. 对于职务发明，其申请专利的权利属于　　　　　　　　　　（　　）
   　A. 发明人　　　　　　　　　　　B. 发明人所在的课题组
   　C. 发明人所在的单位　　　　　　D. 发明人所在单位的主管机关

3. 对于委托发明的权利归属，我国《专利法》和《合同法》，采取的原则是
   　　　　　　　　　　　　　　　　　　　　　　　　　　　（　　）
   　A. 委托方优先　　　　　　　　　B. 受托方优先
   　C. 共同所有　　　　　　　　　　D. 合同约定优先

4. 两个以上申请人分别就同样的发明创造申请专利的，　　　　（　　）
   　A. 专利权授予最先发明的人
   　B. 专利权授予最先提出申请的人
   　C. 专利权同时授予所有申请人
   　D. 对该发明不再授予专利保护，允许所有人使用

5. 我国发明专利申请的实质审查期限是　　　　　　　　　　　（　　）
   　A. 自申请日起 1 年内　　　　　　B. 自申请日起 18 个月内
   　C. 自申请日起 2 年内　　　　　　D. 自申请日起 3 年内

6. 我国发明专利权的保护期限是　　　　　　　　　　　　　　（　　）
   　A. 10 年　　　　　　　　　　　　B. 20 年
   　C. 30 年　　　　　　　　　　　　D. 50 年

7. 汪某于 2003 年 5 月 1 日申请一项实用新型专利，2004 年 3 月 15 日获得授权。这项专利的保护期限终止于　　　　　　　　　　　　　（　　）
   　A. 2013 年 5 月 1 日　　　　　　B. 2014 年 3 月 15 日
   　C. 2023 年 5 月 1 日　　　　　　D. 2024 年 3 月 15 日

8. 下列选项中，不能作为商标构成要素的是 （　　）
    A. 文字   B. 图形
    C. 三维标志   D. 气味

9. 下列选项中，不属于证明商标的是 （　　）
    A. 纯羊毛标志   B. 绿色食品标志
    C. 真皮标志   D. 南京盐水鸭

10. 下列选项中，可以作为商标使用的标志是 （　　）
    A. 五星红旗   B. 红豆标志
    C. 红新月标志   D. 地球图形

11. 甲于 2016 年 3 月 1 日开始使用"兴宇"商标，乙于同年 5 月 1 日开始使用相同的商标。甲、乙均于 2016 年 6 月 7 日向商标局寄出注册"兴宇"商标的申请文件，但甲的文件于 6 月 18 日到达，乙的文件于 6 月 15 日到达。则商标局应初步审定公告谁的申请？ （　　）
    A. 同时公告，因甲、乙申请日期相同
    B. 公告乙的申请，因为乙申请在先
    C. 公告甲的申请，因甲使用在先
    D. 由商标局自由裁定

12. 我国《商标法》规定的商标注册申请的优先权期限是 （　　）
    A. 3 个月   B. 6 个月
    C. 9 个月   D. 12 个月

13. 根据我国《商标法》的规定，注册商标的有效期为 （　　）
    A. 10 年，自核准注册之日起计算
    B. 10 年，自申请注册之日起计算
    C. 20 年，自核准注册之日起计算
    D. 20 年，自申请注册之日起计算

14. 在我国，外观设计专利申请的优先权期限为 （　　）
    A. 3 个月   B. 6 个月
    C. 9 个月   D. 12 个月

15. 下列选项中，属于服务商标的是 （　　）
    A. 海尔   B. 可口可乐
    C. 爆肚冯   D. 柯达

16. 我国《商标法》中规定的商标许可不包括 （　　）
    A. 独占许可权   B. 排他使用许可
    C. 普通使用许可   D. 严格使用许可

17. 下列选项中，可以申请专利的是 （　　）
    A. 桂花新品种的培育方法   B. 颈椎病的手术治疗方法

C. 乒乓球比赛的新规则　　　　　　D. 航天器运行轨道的计算方法

18. 申请发明和实用新型专利提交的文件中，具体说明专利保护的范围的书面文件是　　　　　　　　　　　　　　　　　　　　　　　　　（　　）

A. 专利请求书　　　　　　　　　　B. 说明书

C. 权利要求书　　　　　　　　　　D. 图片或者照片

19. 在下列各项中，属于商标必备要件的是　　　　　　　　　（　　）

A. 新颖性　　　　　　　　　　　　B. 创造性

C. 实用性　　　　　　　　　　　　D. 显著性

20. 某厂的"飞翔"注册商标有效期即将届满，欲办理续展手续。根据我国《商标法》规定，办理续展的申请时间只能是　　　　　　　　　（　　）

A. 期满前 6 个月　　　　　　　　　B. 期满后 6 个月

C. 期满前 12 个月　　　　　　　　 D. 期满后 12 个月

21. 我国专利权的客体不包括　　　　　　　　　　　　　　　（　　）

A. 发明　　　　　　　　　　　　　B. 商标

C. 实用新型　　　　　　　　　　　D. 外观设计

22. 造成专利发明人与申请人不一致的主要原因不包括　　　　　（　　）

A. 发明人通过专利申请权转让合同将申请专利的权利转让给他人

B. 发明人的继承人通过继承取得发明创造的专利申请权

C. 法律直接将专利申请权赋予发明人以外的其他人

D. 发明人申请专利的资格被取消

23. 根据商标使用对象的不同，商标可分为　　　　　　　　　（　　）

A. 注册商标与未注册商标　　　　　B. 商品商标与服务商标

C. 平面商标与立体商标　　　　　　D. 集体商标和证明商标

24. 甲向乙转让"旭日"注册商标，乙从何时起享有该注册商标专用权？

（　　）

A. 甲乙签订转让合同之日

B. 甲向乙交付商标注册证之日

C. 甲乙共同向商标局提出转让申请之日

D. 商标局核准转让公告之日

25. 申请专利的发明创造在申请日以前 6 个月内，有下列哪种情形会导致其丧失新颖性？　　　　　　　　　　　　　　　　　　　　　　　（　　）

A. 在中国政府主办或者承认的国际展览会议上首次展出的

B. 在规定的学术会议或者技术会议上首次发表的

C. 他人与申请人签订保密协议而披露其内容的

D. 他人未经申请人同意而泄露其内容的

26. 发明专利申请人享有外国优先权的期限是 （　　）
    A. 3 个月　　　　　　　　　　　　　　B. 6 个月
    C. 9 个月　　　　　　　　　　　　　　D. 12 个月

27. "南京盐水鸭"属于 （　　）
    A. 集体商标　　　　　　　　　　　　　B. 证明商标
    C. 商品商标　　　　　　　　　　　　　D. 注册商标

28. "纯羊毛标志"属于 （　　）
    A. 集体商标　　　　　　　　　　　　　B. 证明商标
    C. 商品商标　　　　　　　　　　　　　D. 注册商标

29. A 公司假冒 B 公司注册商标，给 B 公司造成了难以计算的损失。经查，A 公司在侵犯 B 公司合法权益期间因该侵权行为所获得的利润为 100 万元，B 公司调查 A 公司侵权行为所支付的合理费用为 5 万元。B 公司声称其因该侵权行为遭受的精神损失费为 50 万元，则 A 公司向 B 公司支付的赔偿费用应为 （　　）
    A. 100 万元　　　　　　　　　　　　　B. 105 万元
    C. 150 万元　　　　　　　　　　　　　D. 155 万元

30. 目前我国对实用新型专利权的保护期为 （　　）
    A. 5 年　　　　　　　　　　　　　　　B. 10 年
    C. 15 年　　　　　　　　　　　　　　D. 20 年

31. 商标注册申请人对商标局驳回申请不服的，可以自收到通知之日起多少天内向商标评审委员会申请复审？ （　　）
    A. 15 天　　　　　　　　　　　　　　B. 30 天
    C. 60 天　　　　　　　　　　　　　　D. 1 年

32. 注册商标的有效期为 （　　）
    A. 5 年　　　　　　　　　　　　　　　B. 10 年
    C. 15 年　　　　　　　　　　　　　　D. 20 年

33. 注册商标的有效期满后，可以续展，续展的有效期为 （　　）
    A. 5 年　　　　　　　　　　　　　　　B. 10 年
    C. 15 年　　　　　　　　　　　　　　D. 不受限制

34. 商标分为商品商标和服务商标的依据是 （　　）
    A. 是否注册　　　　　　　　　　　　　B. 使用对象
    C. 构成元素　　　　　　　　　　　　　D. 显著性强弱

35. 某低档白酒生产企业，为了牟取暴利，未经认证便擅自将绿色产品标识印制在自己的白酒的包装上，严重损害绿色产品标志的名誉。该行为是 （　　）
    A. 假冒行为　　　　　　　　　　　　　B. 虚假广告行为
    C. 商业诽谤行为　　　　　　　　　　　D. 依靠产地行为

36. 西湖龙井、金华火腿等标志属于　　　　　　　　　　　（　　）
    A. 服务商标　　　　　　　　　　　B. 立体商标
    C. 商品商标　　　　　　　　　　　D. 证明商标

37. 下列各项中，人民法院可以认定为知名商品特有的名称、包装、装潢的是
　　　　　　　　　　　　　　　　　　　　　　　　　　　　　（　　）

    A. 商品的通用名称
    B. 仅直接表示商品主要原料的商品名称
    C. 具有独特风格的整体营业形象
    D. 仅由商品自身的性质产生的形状

38. 根据我国《专利法》的规定，下列可作为实用新型专利权客体的是
　　　　　　　　　　　　　　　　　　　　　　　　　　　　　（　　）

    A. 方法发明　　　　　　　　　　　B. 粉末状物质
    C. 颗粒状材料　　　　　　　　　　D. 带有花纹的轮胎

39. 根据我国《商标法》的规定，下列商品中必须使用注册商标的是　（　　）
    A. 食品　　　　　　　　　　　　　B. 烟草制品
    C. 服装　　　　　　　　　　　　　D. 餐具

40. 商标"999"是　　　　　　　　　　　　　　　　　　　　（　　）
    A. 文字商标　　　　　　　　　　　B. 组合商标
    C. 图形商标　　　　　　　　　　　D. 立体商标

41. 执行本单位任务或者主要是利用本单位物质技术条件所完成的职务发明创
造，申请专利的权利属于　　　　　　　　　　　　　　　　　（　　）
    A. 该单位　　　　　　　　　　　　B. 发明者
    C. 该单位或发明者　　　　　　　　D. 单位和发明者共有

42. 在委托发明中，如果合同约定不明或合同未对权利归属予以约定时，权利归
　　　　　　　　　　　　　　　　　　　　　　　　　　　　　（　　）

    A. 委托方
    B. 完成发明创造一方
    C. 完成发明创造一方或委托方
    D. 完成发明创造一方和委托方

43. 我国现行《专利法》规定，外观设计和实用新型专利权的保护期限为
　　　　　　　　　　　　　　　　　　　　　　　　　　　　　（　　）

    A. 5 年　　　　　　　　　　　　　B. 10 年
    C. 15 年　　　　　　　　　　　　 D. 20 年

44. 发明专利申请自专利申请日起几年内，国务院专利的行政部门可根据申请
人随时提出的请求，对其进行实质审查？　　　　　　　　　　（　　）
    A. 1 年　　　　　　　　　　　　　B. 2 年

C. 3 年   D. 5 年

45. 专利申请人可以在接到专利局驳回专利申请决定之日起多长时间内向专利复审委员会提出复审请求？   （   ）

    A. 15 日   B. 三个月

    C. 六个月   D. 一年

46. 甲公司 2008 年 10 月向国家商标局申请注册"天虹"商标，使用在家用电器上，2009 年 6 月 27 日国家商标局对"天虹"注册商标初步审定并予以公告。同样生产家用电器的乙公司发现该商标与本公司的注册商标十分近似，乙公司应在下列哪个日期前向有关部门提出异议？   （   ）

    A. 2009 年 7 月 27 日   B. 2009 年 9 月 27 日

    C. 2009 年 12 月 27 日   D. 2010 年 6 月 27 日

47. 加玛公司是一家生产销售红木家具的企业，2013 年 8 月该公司拟使用含有下列标志的新商标。根据我国法律的规定，下列标志中不得作为商标使用的是

                                                                  （   ）

    A. 红领巾   B. 太行山

    C. WIPO   D. 八达岭长城

48. 某汽车制造厂完成的下列技术成果中可以申请实用新型专利的是   （   ）

    A. 一种汽车仪表电路   B. 一种汽车节能方法

    C. 一种汽车发动机   D. 一种汽车防冻液

49. 以下选项中，可作为外观设计专利申请的是   （   ）

    A. 洗衣粉配方   B. 洗衣粉说明书

    C. 洗衣粉加工方法   D. 洗衣粉包装袋

50. 两个以上的申请人分别用同样的发明创造申请专利，专利权授予   （   ）

    A. 最先提出专利申请者   B. 最先完成发明创造者

    C. 两个以上申请人共有   D. 最先实施发明创造者

51. 章某于 2008 年 4 月 5 日向中国专利局提交一项产品的发明专利申请，2009 年 2 月 8 日又将该技术申请实用新型专利，并要求享有本国优先权，该专利申请经审查合格后于 2010 年 3 月 6 日被授予专利，该项专利的保护期及起算日期是

                                                                  （   ）

    A. 保护期为 10 年，自 2008 年 4 月 5 日起计算

    B. 保护期为 10 年，自 2009 年 2 月 8 日起计算

    C. 保护期为 10 年，自 2010 年 3 月 6 日起计算

    D. 保护期为 20 年，自 2010 年 3 月 6 日起计算

52. 甲企业向乙企业转让注册商标，2009 年 3 月 2 日甲乙双方签订转让合同，2009 年 4 月 1 日，甲乙共同向商标局提出申请，2009 年 4 月 8 日，甲乙就该转让合同办理了公证手续，2010 年 1 月 5 日经商标局对该注册商标的转让核准后予以

公告，乙企业自下列何日起享有商标专用权？　　　　　　　　　　　（　　）

  A. 2009 年 3 月 2 日　　　　　　　　B. 2009 年 4 月 1 日

  C. 2009 年 4 月 8 日　　　　　　　　D. 2010 年 1 月 5 日

53. 对于初步审定的商标，任何人均可提出异议，提出异议的期限及受理机构是国家商标局作出初步审定公告之日起　　　　　　　　　　　　　　　（　　）

  A. 一个月内向商标局提出

  B. 三个月内向商标局提出

  C. 三个月内向商标评审委员会提出

  D. 十二个月内向商标评审委员会提出

54. 下列不属于授予发明和实用新型专利权条件的是　　　　　　　　（　　）

  A. 新型性　　　　　　　　　　　　B. 创造性

  C. 实用性　　　　　　　　　　　　D. 显著性

55. 某酒厂用食用酒精兑制成白酒，使用本厂的兑制成的粮食白酒"喜乐特曲"的包装及标签向社会销售，该种勾兑制成的白酒卫生指标符合标准，但每瓶售价为"喜乐特曲"的 1/3，销售状况甚好，该厂的上述做法　　　　　（　　）

  A. 属以假充真

  B. 因有关指标符合国家标准，不属以假充真

  C. 与"喜乐特曲"差价显著，不属以假充真

  D. 因国家允许生产代粮白酒，不属以假充真

56. 下列机关不能认定驰名商标的是　　　　　　　　　　　　　　　（　　）

  A. 商标局　　　　　　　　　　　　B. 商标评审委员会

  C. 人民法院　　　　　　　　　　　D. 工商局

57. 依据我国《商标法》的规定，下列哪项可以作为商标提出注册申请？

  　　　　　　　　　　　　　　　　　　　　　　　　　　　　（　　）

  A. 水果的甜味　　　　　　　　　　B. 玫瑰花的气味

  C. 檀香的香味　　　　　　　　　　D. 风景图片

58. 中央电视台"新闻 1+1"节目名称在提出商标注册时，对于其中包含的"新闻"二字不予注册的理由是　　　　　　　　　　　　　　　　　（　　）

  A. 该文字属于通用词汇

  B. 该文字表现了所提供服务自身的特点

  C. 该文字已经被广泛使用

  D. 该文字属于他人专有标识

59. 权利要求书应当以什么为依据，说明请求专利保护的范围？　　　（　　）

  A. 申请书　　　　　　　　　　　　B. 说明书

  C. 摘要　　　　　　　　　　　　　D. 图片

60. 下列选项中进行专利申请时，无需实质审查的是 （　　）
  A. 培育植物品种的方法   B. 粉末状产品
  C. 新药   D. 产品的新图案

61. 下列不能授予专利权的是 （　　）
  A. 动物的生产方法   B. 动物
  C. 药品   D. 医疗器械

62. 国务院专利行政部门收到发明专利申请后，经初审认为合格后，自申请之日起满几个月，即行公布？ （　　）
  A. 6   B. 12
  C. 18   D. 24

63. 在我国就新型羽毛球拍可以提出 （　　）
  A. 发明专利申请   B. 实用新型专利申请
  C. 外观设计专利申请   D. 发明或实用新型专利申请

64. 下列能申请产品发明专利的是 （　　）
  A. 新材料   B. 管理方法
  C. 科学发现   D. 游戏规则

65. 在我国《专利法》中，被称为小发明的专利为 （　　）
  A. 实用新型   B. 产品发明
  C. 方法发明   D. 外观设计

66. 依我国《商标法》的规定，下列可以作为商标提出注册申请的是 （　　）
  A. 海浪的声音   B. 玫瑰花的气味
  C. 鸟鸣的声音   D. 风景图片

67. 甲公司拥有某医用注射器的专利，不久后乙公司自行研制出相同注射器，并通过丙公司销售给丁医院使用。乙、丙、丁都不知道甲已经获得该专利，下列表述正确的是 （　　）
  A. 乙公司的制造行为不构成侵权
  B. 丙公司的销售行为不构成侵权
  C. 丙公司和丁医院能证明其产品的合法来源，不承担赔偿责任
  D. 丁医院的使用行为不构成侵权

68. 关于商标的构成要素，下列错误的是 （　　）
  A. 文字、图形、字母、数字、音乐、三维标志
  B. 文字、图形、字母、数字、颜色组合、三维标志
  C. 文字、图形、字母、数字、气味、三维标志
  D. 文字、图形、字母、数字、自然声响、三维标志

69. 甲公司拥有一件注册商标，欲转让给乙公司，在双方签订了转让协议后，则 （　　）

A. 无需再到商标局办理任何手续

B. 商标局依据双方签订的转让协议自动变更商标权人

C. 必须由转让人向商标局提出办理变更商标权人的手续

D. 必须由转让人和受让人共同向商标局提出办理变更商标权人的手续

二、多项选择题

1. 授予发明和实用新型专利权的对象，应具备的条件包括 （　　）

　　A. 科学性　　　　　　　　　　B. 新颖性

　　C. 创造性　　　　　　　　　　D. 实用性

　　E. 便利性

2. 根据我国《专利法》的相关规定，依法不授予专利权的有 （　　）

　　A. 疾病诊断方法　　　　　　　B. 智力活动规则

　　C. 科学发现　　　　　　　　　D. 药品生产方法

　　E. 动物品种培育方法

3. 根据我国《商标法》的规定，下列各项属于商标注册的原则的有 （　　）

　　A. 强制注册原则　　　　　　　B. 自愿注册原则

　　C. 先使用原则　　　　　　　　D. 先申请原则

　　E. 优先权原则

4. 申请商标注册时，应向商标局递交的必要的申请文件有 （　　）

　　A. 申请书　　　　　　　　　　B. 商标图样

　　C. 权利要求书　　　　　　　　D. 说明书摘要

　　E. 证明文件

5. 专利人的权利有 （　　）

　　A. 转让权　　　　　　　　　　B. 许可权

　　C. 放弃权　　　　　　　　　　D. 标记权

　　E. 独占权

6. 根据我国《专利法》的规定，授予发明和实用新型专利的条件有 （　　）

　　A. 实用性　　　　　　　　　　B. 标记性

　　C. 新颖性　　　　　　　　　　D. 理论性

　　E. 创造性

7. 我国专利权的客体主要包括 （　　）

　　A. 发明　　　　　　　　　　　B. 实用新型

　　C. 外观设计　　　　　　　　　D. 科学发现

　　E. 植物品种

8. 我国《专利法》规定的专利保护对象有 （　　）

　　A. 发明　　　　　　　　　　　B. 实用新型

C. 科学发明   D. 数学运算方法

E. 疾病诊断方法

9. 下列不能授予专利权的有 （　　）

   A. 违法的发明   B. 违反社会公德

   C. 妨害公共利益   D. 不适用于专利法的对象

   E. 疾病的诊断方法

10. 下列不能申请专利的有 （　　）

   A. 万能钥匙   B. 赌博工具

   C. 吸毒工具   D. 造币机

   E. 营养食品

11. 下列各商标中，属于服务商标的有 （　　）

   A. "搜狐"（网站）   B. "双星"（鞋）

   C. "汇丰"（银行）   D. "小红马"（快递）

   E. "三元"（牛奶）

12. 下列不属于专利法意义的发明有 （　　）

   A. 财务结算办法   B. 体育比赛规则

   C. 逻辑推理方法   D. 数学运算方法

   E. 产品制造方法

13. 在我国，授予专利权的发明和实用新型的积极条件有 （　　）

   A. 新颖性   B. 实用性

   C. 创造性   D. 先进性

   E. 进步性

14. 在我国，下列可以作为商标予以注册的有 （　　）

   A. "黑鬼"牌祛风油   B. "BEST"香烟

   C. "PRC"打火机   D. "ASPIRIN"消炎药

   E. "好运来"汽车

15. 在我国，侵犯商标权的行政法律责任的主要表现形式有 （　　）

   A. 罚款   B. 罚金

   C. 收缴或销毁侵权物品   D. 赔偿损失

   E. 责令停止侵权

16. 下列商品使用证明商标的有 （　　）

   A. 北京牌电视机   B. 凤凰牌自行车

   C. 涪陵榨菜   D. 牛栏山二锅头

   E. 中华牙膏

17. 商标权的内容有 （　　）

   A. 使用权   B. 禁止权

C. 销售权　　　　　　　　　D. 转让权

E. 许可权

18. 申请专利的发明创造在申请日前6个月内不丧失新颖性的情形包括
（　　　）

A. 在中国政府主办或者承认的国际展览会上首次展出的

B. 在国务院有关主管部门或者全国性学术团体组织召开的学术、技术会议
上首次发表的

C. 申请人在国内外学术刊物上首次发表的

D. 承担保密义务的他人未经申请人同意而泄露其内容的

E. 在电视节目中由申请人首次公开其内容的

19. 下列选项中哪些属于我国《专利法》规定的不授予专利的发明创造？
（　　　）

A. 动物新品种　　　　　　　　B. 新烹饪调料

C. 高血压治疗新方法　　　　　D. 超导新技术

E. 西药新药品

20. 下列各项中，不授予专利权的有　　　　　　　（　　　）

A. 天文爱好者王某发现一颗新星

B. 某科学家研究培养出新的转基因大豆

C. 某医院发明的治疗艾滋病的新方法

D. 毒品贩子刘某发明的能逃过检查的夹藏毒品的背心

E. 8个月前在国际展览会上首次展出的没有申请过专利的发明创造

21. 根据我国《商标法》的规定，下列表述正确的有　　　　（　　　）

A. 注册商标的有效期为10年，自核准注册之日起计算

B. 注册商标的有效期届满，需要继续使用的，应当在期满前6个月内申请
续展注册

C. 每次商标续展注册的有效期为10年

D. 续展注册的次数不受限制

E. 续展注册无需核准和公告

三、简答题

1. 简述我国《专利法》上的发明人应具备的条件。

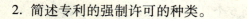

2. 简述专利的强制许可的种类。

3. 简述商标的构成条件。

4. 简述驰名商标的认定条件。

5. 简述不视为侵犯专利权的情形。

6. 简述侵犯商标专用权的行为。

四、论述题

1. 论注册商标的终止。

2. 论驰名商标的认定及保护。

3. 论侵犯专利权的法律责任。

五、案例题

1. 凯旋化工厂委托黄河大学环境工程系教授李明为该厂研发一套污水净化方法。李明在业余时间利用学校实验设备研制出一套净水方法，并向学校交付了设备使用费。凯旋化工厂为此提供了 50 万元研发资金。双方对其他事宜未作约定。根据黄河大学的科研管理制度，科研人员利用本校实验设备和技术条件作出的发明创造，在向学校缴纳设备使用费后，由科研成果产生的专利权归研发人员享有。李明以自己的名义就该净水方法申请专利，凯旋化工厂和黄河大学得知后，均主张专利申请权。

根据上述材料，回答下列问题：

（1）李明与凯旋化工厂之间存在何种法律关系？

（2）该净水方法的专利申请权应当由谁享有？为什么？

2. 2015 年某市 A 饮品公司研制出一种新型饮料，使用的商标为"樱花"，在市场上很受消费者欢迎，已成为当地知名的饮料品牌，但一直未注册。2016 年，同市的 B 饮料厂自行研制一种花粉饮料，并向商标局注册"樱花"商标。商标局初步审定后予以公告。A 公司看到后，欲向商标局提出异议。

根据上述材料，回答下列问题：

（1）A 公司向商标局提出异议后，如果商标局认为异议理由不成立，A 公司应怎样主张自己的权利？

（2）如果 A 公司与 B 公司同一天提出商标申请，商标局该怎样处理？

（3）如果 A 公司直接向法院提起诉讼，其理由是什么？

3. 甲食品有限公司 2014 年将自己开发生产的儿童饮用果汁产品名为"娃娃乐"推上市场，该果汁因物美价廉而广受消费者欢迎，自推出后年销售额在同类产品中一直稳居前列。乙纯净水公司于 2015 年也推出儿童饮用果汁产品，该产品定名为"娃娃笑"。

根据以上材料，回答下列问题：

（1）甲公司的果汁产品"娃娃乐"是否为知名商品？说明理由。

（2）如果乙公司以自己是纯净水公司为由否认自己与甲公司的竞争关系，其主张是否成立？说明理由。

（3）"娃娃乐"是否属于甲公司儿童饮用果汁产品的特有名称？为什么？

（4）有人认为乙公司的行为构成仿冒，请问认定仿冒行为的标准是什么？

4. 甲公司自行研发了一套电子仪器，同时在我国和 B 国拥有专利权，乙公司发现该电子仪器在国内外的价格差别较大，故欲从价格低的 B 国进口一批电子仪器到我国，为了避免专利侵权，乙公司特意从 B 国市场上购买该电子仪器并出口到甲公司没有专利权的 C 国，然后再从 C 国进口到我国。

根据以上案情，请回答下列问题：

（1）乙公司的这种行为是否合法，为什么？

（2）甲公司是否可以在 B 国主张乙公司专利侵权，为什么？

（3）甲公司是否可以在 C 国主张乙公司专利侵权，为什么？

5. 甲公司 1996 年 8 月获得"新蒙"文字注册商标专用权，核定商品为沐浴液产品。至 1999 年，"新蒙"沐浴液品牌经三年多有效经营已经驰誉当地。1999 年起，甲公司将"新蒙"注册商标使用于本公司的新产品"新蒙"洗发液产品上；沐浴液与洗发液同属于国际商标分类第三大类，故甲公司认为自己的"新蒙"文字注册商标当然可以延伸使用至"新蒙"洗发液这一类似商品上。当地的乙公司 2000 年起开始生产"新蒙"品牌洗发液，产品包装上突出使用了"新蒙"文字标识。甲公司遂向法院起诉，状告乙公司侵犯其"新蒙"注册商标专用权。

根据以上案情，请回答下列问题：

（1）甲公司能否将自己的"新蒙"文字注册商标延伸使用至洗发液类似商品上？

（2）乙公司在洗发液产品上突出使用"新蒙"文字的行为是否侵犯甲公司"新蒙"注册商标专用权？

6. 2013 年某市达康食品厂研制出一种新型保健饮料，使用商标为"达康"，产品投放市场后很受消费者欢迎，已成为当地知名的饮料品牌，但一直是以未注册商标使用的。2014 年，同市的康健饮料厂自行研制一种无醇果汁饮料，并向商标局注册"达康"商标；并经商标局初步审定后在《商标公告》上予以公告。达康食品厂看到后，欲向商标局提出异议。

根据商标法，回答下列问题：

（1）达康食品厂的异议理由是什么？

（2）如果商标局认为异议理由不成立，达康食品厂怎样进一步主张自己的权利？

（3）如果达康食品厂与康健饮料厂同一天提出商标申请，商标局该怎样处理？

（4）如果达康食品厂直接向人民法院提起诉讼，应提出怎样的主张？

（5）此题给我们什么启示？

7. 1994 年年底，贵阳南明老干妈风味食品有限公司推出了以"老干妈"为商品名称的风味食品。自 1996 年 8 月，该公司开始使用自己的包装瓶和瓶贴，用在风味豆豉的外包装上，随后又申请了外观设计专利。1997 年 10 月，湖南华越食品公司开发生产的"老干妈"风味豆豉，使用的包装瓶和瓶贴与贵阳"老干妈"的瓶贴色彩、图案、产品名称及"老干妈"字体都相同，不久也申请了与贵阳"老干妈"相似的外观设计专利。1997 年 11 月，贵阳"老干妈"以不正当竞争为由，将湖南"老干妈"及销售商北京某商场告上法庭，两家外地"老干妈"在北京打起了官司。

根据以上材料，请回答下列问题：

（1）法院依法判决谁侵权？为什么？

（2）此案还可依据什么法律起诉？

8. 王红是某企业的技术员，以企业的名义大量研究"节电"装置。2014 年 8 月，王红以该技术发明人的身份向中国专局申请发明专利。王红所在的企业得知后向当地专利局申请调处。专利局做出决定，该专利申请权属于该企业所有。王红认为"节电"装置技术的设计、制作过程主要是由其本人完成，所以不服专利局的处理决定，于是向法院起诉。

问：该发明的性质是什么？专利权应归谁所有？

9. 郭某于 2012 年 4 月 10 日取得了名称为："一种组合拼板"的实用新型专利权，随后开始建厂实施该专利，专利产品的名称为"欢乐插板"。一年后，郭某发现儿童文化用品商店在销售一种由 A 公司生产的"欢乐童年"插板，除包装和产品名称略有区别外，与郭某的"欢乐插板"完全一致，郭某遂以侵犯专利权为由将儿童文化用品商店和 A 公司告上法庭。儿童文化用品商店辩称不知道其销售的"欢乐儿童"插板是侵权产品，并且是经合法渠道从 A 公司进货的，该产品的包装上也标有 A 公司的名称和地址，故不构成侵权。

根据以上材料，请回答下列问题：

（1）儿童文化用品商店是否侵犯了郭某的专利权？应当承担什么责任？

（2）A 公司的行为是否侵犯了郭某的专利权？应承担什么责任？

10. A公司独立研制出一种新型电子设备，向国家知识产权局申请了实用新型专利，且依法获得了专利权。B公司在A公司申请专利之前就知道了该研究成果，与A公司签订了有关该设备的技术保密协议。然而B公司并未依约保密，而是在A公司提出专利申请之日前6个月内，通过使用保密技术，生产销售该设备产品，使得该技术因被泄漏而公开。在A公司获得专利权之后，其竞争对手C公司向专利复审委员会提交了宣告该专利权无效的请求书，主要理由是：在专利权人提出专利申请之日前，与该专利产品相同的产品就已在市场上公开销售，该产品的专利技术早已被公开。

根据上述材料，回答下列问题：

（1）B公司的行为是否导致该新型电子设备的新颖性丧失？

（2）专利复审委员会应如何作出裁定？

11. 东方机械厂2002年秋研制出M型热敏开关，并于2002年12月8日提出中国专利申请，2004年1月1日获得"M型热敏开关"实用新型专利权。新新公司同期也自行研发出同一技术方案的M型热敏开关，至2002年12月8日完成年产量10 000个M型热敏开关的必要准备。其2003年产销12 000个，2004年产销10 000个，2005年产销80 000个。2006年年初，东方机械厂向法院状告新新公司侵犯其"M型热敏开关"实用新型专利权。

根据上述材料，回答下列问题：

（1）新新公司2003年的产销行为是否侵犯东方机械厂的专利权？为什么？

（2）新新公司 2004 年的产销行为是否侵犯东方机械厂的专利权？为什么？

（3）新新公司 2005 年的产销行为是否侵犯东方机械厂的专利权？为什么？

12. 甲公司拥有一项电器开关的发明专利 A，在市场上销售良好，乙公司认为在安全设计上该电器开关有改进空间，于是进行科研投入，在甲公司发明专利 A 的基础上改进完成了发明专利 B，乙公司在市场上销售改进后的电器开关。甲公司发现后要求乙公司停止销售，认为乙公司的产品侵犯了甲公司发明专利 A。乙公司认为其生产改进后的拥有自己发明专利 B 的产品，符合专利法有关交叉专利强制许可的规定，不构成侵权。

根据上述材料，回答下列问题：

（1）乙公司的行为是否构成侵权？为什么？

（2）甲公司是否可以生产包含乙公司专利 B 的电器开关？为什么？

13. "胡家"是湖南胡家饭店发展有限公司（简称胡家饭店）于2002年获得注册的服务商标。2008年3月胡家饭店与四川凯德公司在湖南签订了《特许加盟协议》，协议规定：许可四川凯德公司使用"胡家"商标从事餐饮经营活动，有效期至2013年3月31日。2012年3月，胡家饭店对"胡家"商标做了续展注册。2013年8月，四川凯德公司仍在使用"胡家"商标，胡家饭店核实后，拟向法院提起商标侵权诉讼。

根据上述材料，回答下列问题：

（1）四川凯德公司的行为是否构成侵权？应承担哪些法律责任？

（2）四川凯德公司所在地法院能否审理此案？为什么？

参考答案

一、单项选择题

1. D	2. C	3. D	4. B	5. D	6. B	7. A	8. D	9. D
10. B	11. B	12. B	13. A	14. B	15. C	16. D	17. A	18. C
19. D	20. C	21. B	22. B	23. B	24. D	25. C	26. D	27. A
28. B	29. B	30. B	31. A	32. B	33. B	34. B	35. A	36. D
37. C	38. D	39. C	40. A	41. A	42. B	43. A	44. C	45. B
46. B	47. C	48. C	49. D	50. A	51. B	52. D	53. B	54. D
55. C	56. D	57. C	58. C	59. D	60. D	61. B	62. C	63. B
64. A	65. A	66. D	67. D	68. B	69. D			

二、多项选择题

1. BCD　　2. ABC　　3. BDE　　4. ABE　　5. ABDE　　6. ACE

7. ABC　　8. AB　　9. ABCDE　　10. ABCD　　11. ACD　　12. ABCD

13. ABC　　14. AE　　15. ACE　　16. CD　　17. ABDE　　18. ABD

19. AC　　20. ABCDE　　21. ACD

三、简答题

1. 答：（1）发明人必须是直接参加发明创造活动的人。在发明创造过程中，只负责组织管理工作或者仅仅提供物质条件的人都不是发明人。

（2）发明人必须是对发明创造的实质性特点有创造性贡献的人。仅提出所要解决的技术问题却未能为解决问题提供具体方案的人，或者仅在发明创造过程中从事辅助工作的人都不能称为发明人。

（3）发明人必须是自然人，单位不能成为发明人。发明人不受行为能力的限制。

2. 答：（1）滥用专利权的强制许可。

（2）公益目的的强制许可。

（3）药品专利的强制许可。

（4）依赖专利的强制许可。

3. 答：（1）具有显著特征，便于识别。

（2）不得与他人在先取得的合法权利相冲突。

（3）不得违反法律的禁止性规定。

4. 答：根据《中华人民共和国商标法》第十四条的规定，认定驰名商标应当考虑下列因素：

（1）相关公众对该商标的知晓程度。

（2）该商标使用的持续时间。

（3）该商标的任何宣传工作的持续时间、程度和地理范围。

（4）该商标作为驰名商标受保护的记录。

（5）该商标驰名的其他因素。

5. 答：《中华人民共和国专利法》第六十九条规定了不视为侵犯专利权的五种情形：

（1）专利产品或者依照专利方法直接获得的产品，由专利权人或者经其许可的单位、个人售出后，使用、许诺销售、销售、进口该产品的。

（2）在专利申请日前已经制造相同产品、使用相同方法或者已经做好制造、使用的必要准备，并且仅在原有范围内继续制造、使用的。

（3）临时通过中国领陆、领水、领空的外国运输工具，依照其所属国同中国签订的协议或者共同参加的国际条约，或者依照互惠原则，为运输工具自身需要而在其装置和设备中使用有关专利的。

（4）专为科学研究和实验而使用有关专利的。

（5）为提供行政审批所需要的信息，制造、使用、进口专利药品或者专利医疗器械的，以及专门为其制造、进口专利药品或者专利医疗器械的。

6. 答：（1）未经注册商标注册人的许可，在同一种商品或者类似商品上使用与注册商标相同或者近似的商标，容易导致混淆的。

（2）销售侵犯注册商标专用权的商品，但是销售不知道是侵犯注册商标专用权的商品，且能证明该商品是自己合法取得的并说明提供者的，不承担赔偿责任。

（3）伪造、擅自制造他人注册商标标识或者销售伪造、擅自制造的注册商标标识。

（4）未经商标注册人同意，更换其注册商标并将该更换商标的商品又投入市场的。

（5）故意为侵犯他人注册商标专用权行为提供仓储、运输、邮寄、隐匿、经营场所等便利条件，帮助他人实施侵犯商标专用权行为的。

（6）给他人的商标权造成其他损害的行为。（答出任意5项即可）

四、论述题

1. 答：注册商标的终止，是指由于法定事由的发生，注册商标所有人丧失其商标权，法律不再对该注册商标给予保护。根据我国《商标法》的规定，注册商标因注销、撤销或者被宣告无效而终止。

（1）注册商标因注销而终止。

注销是指注册商标所有人自动放弃注册商标或商标局依法取消注册商标的程序。商标权可以自动放弃，商标注册人申请注销其注册商标或者注销其商标在部分指定商品上的注册的，应当向商标局提交商标注销申请书，并交回原《商标注册证》。注册商标法定期限届满，未申请续展或申请续展未获批准的，也需要注销该注册商标。

（2）注册商标因撤销而终止。

撤销是指商标主管机关或商标仲裁机构对违反商标法有关规定的行为予以处罚，使注册商标专用权归于消灭的程序。根据我国《商标法》的规定，撤销事由主要有以下两种情况：

①商标注册人在使用注册商标的过程中，自行改变注册商标或者自行改变注册人名义、地址或者其他注册事项的，经地方工商行政管理部门责令限期改正，期满不改正的，由商标局撤销其注册商标。

②注册商标成为其核定使用的商品的通用名称或者没有正当理由连续3年不使用的，任何单位或者个人可以向商标局申请撤销该注册商标。被撤销的注册商标，

由商标局予以公告,该注册商标自公告之日起终止。

(3) 注册商标因被宣告无效而终止。

被宣告无效是指因发生法定事由,由商标局宣告该注册商标无效或者经其他单位或个人请求商标评审委员会宣告该注册商标无效。

①注册商标被宣告无效的事由。

根据我国《商标法》的规定,注册商标被宣告无效的事由主要有:

第一,因注册不当而被宣告无效。

第二,因侵犯他人权益而被宣告无效。

②注册商标被宣告无效的法律后果。

被宣告无效的注册商标,由商标局予以公告,商标权视为自始不存在。宣告无效前人民法院作出并已执行的商标侵权案件的判决、裁定、调解书和工商行政管理部门作出并已执行的商标侵权案件的处理决定,以及已经履行的商标转让或者使用许可合同,不因注册商标被宣告无效而受影响。但是,因商标注册人的恶意给他人造成的损失,应当给予赔偿。

2. 答:驰名商标通常是指那些在市场享有较高声誉、为相关公众所熟知,并且有较强竞争力的商标。

(1) 驰名商标的认定。

认定驰名商标的机关是商标局、商标评审委员会或者人民法院。商标局和商标评审委员会对依法行政过程中所涉及的争议商标是否驰名作出认定。人民法院在审理商标纠纷案件中,对涉案商标是否驰名依法认定。

根据我国《商标法》第十四条的规定,认定驰名商标

应当考虑下列因素:

①相关公众对该商标的知晓程度。

②该商标使用的持续时间。

③该商标的任何宣传工作的持续时间、程度和地理范围。

④该商标作为驰名商标受保护的记录。

⑤该商标驰名的其他因素。

(2) 对驰名商标的保护。

①对未注册的驰名商标予以保护。

一般而言,商标专用权的取得应通过注册程序,但是驰名商标专用权却可以通过使用而获得。根据我国《商标法》第十三条第二款的规定,就相同或者类似商品申请注册的商标是复制、摹仿或者翻译他人未在中国注册的驰名商标,容易导致混淆的,不予注册并禁止使用。其中,"容易导致混淆",是指足以使相关公众对使用驰名商标和被诉商标的来源产生误认,或者足以使相关公众认为使用驰名商标和被诉商标的经营者之间具有许可使用、关联企业等特定联系。

②扩大驰名商标的保护范围。

为了有效地保护驰名商标，许多国家的商标法都规定对驰名商标的保护范围要大于一般注册商标的保护范围。我国《商标法》第十三条第三款也作出了扩大驰名商标保护范围的规定：就不相同或者不相类似商品申请注册商标是复制、摹仿或者翻译他人已经在中国注册的驰名商标，误导公众，致使该驰名商标注册人的利益可能受到损害的，不予注册并禁止使用。

3. 答：未经专利权人许可，实施其专利，即侵犯其专利权，引起纠纷的，由当事人协商解决；不愿协商或者协商不成的，专利权人或者利害关系人可以向人民法院起诉，也可以请求管理专利工作的部门处理。侵犯专利权应承担的责任包括民事责任、行政责任和刑事责任三种。

（1）民事责任。

侵犯他人专利权的行为人应当承担的民事责任形式主要有停止侵害、消除影响和赔偿损失。赔偿损失是一种普遍采用的救济措施。侵犯专利权的赔偿数额按照权利人因被侵权所受到的实际损失确定；实际损失难以确定的，可以按照侵权人因侵权所获得的利益确定。权利人的损失或者侵权人获得的利益难以确定的，参照该专利许可使用费的倍数合理确定。赔偿数额还应当包括权利人为制止侵权行为所支付的合理开支。权利人的损失、侵权人获得的利益和专利许可使用费均难以确定的，人民法院可以根据专利权的类型、侵权行为的性质和情节等因素，确定给予 10 万元以上 100 万元以下的赔偿。但是，为生产经营目的的使用、许诺销售或者销售不知道是未经专利权人许可而制造并售出的专利侵权产品，能证明该产品合法来源的，不承担赔偿责任。

（2）行政责任。

专利管理机关在处理侵权纠纷时，可以采取责令侵权行为人改正、没收违法所得、罚款等行政处罚措施。根据我国《专利法》第六十三条的规定，假冒专利的，除依法承担民事责任外，由管理专利工作的部门责令改正并予公告，没收违法所得，可以并处违法所得 4 倍以下的罚款；没有违法所得的，可以处 20 万元以下的罚款。

（3）刑事责任。

违反专利法或者侵犯专利权的行为情节严重，构成犯罪的，应承担刑事责任。根据专利法和刑法的规定，行为人应承担刑事责任的情形主要包括假冒专利，在专利申请中泄露国家机密，专利管理人员玩忽职守、滥用职权、徇私舞弊三种。

五、案例题

1. 答：（1）委托发明关系。李明为受托人，凯旋化工厂为委托人。

（2）李明享有该净水方法专利的申请权。李明与凯旋化工厂事先未约定发明创造的归属。对于委托发明的权利归属，有约定的依照其约定，没有约定或者约定不明的，申请专利的权利属于完成或者共同完成发明创造的单位或者个人。又据黄河大学的科研管理制度，科研人员利用本校实验设备和技术条件作出的发明创造，在向学校缴纳设备使用费后，由科研成果产生的专利权归研发人员享有。故该净水方法的专利申请权应归李明所有。

2. 答：（1）A 公司可以在收到通知之日起 15 日内向商标评审委员会申请复审，由商标评审委员会作出裁定，对裁定不服的，可以自收到通知之日起 30 日内向法院起诉。

（2）如果两公司同一天提出申请，根据我国《商标法》的规定，应初步审定并公告使用在先的商标。在本案中，应当初审公告 A 公司的商标申请。

（3）A 公司可以根据我国《反不正当竞争法》的规定向法院提起诉讼，要求 B 公司停止不正当竞争行为，赔偿 A 公司由此不正当竞争行为造成的损失。

3. 答：（1）甲公司的果汁应当认定为知名商品，因销售时间较长，消费者认可。

（2）乙公司的主张不能成立。因乙公司的儿童饮用果汁产品具有相互替代性。

（3）"娃娃乐"属于甲公司的果汁产品的特有名称。因其不是产品通用名称，具有显著识别性。

（4）标准一：因仿冒行为被误导的主体必须是一般消费者。标准二：仿冒商品与知名商品具有近似性

4. 答：（1）乙公司的这种行为不合法。因为乙公司从 C 国再进口到我国的行为侵犯了甲公司在我国享有的相应专利权中的进口权。

（2）甲公司不能在 B 国对乙公司主张其专利权。因为甲公司在 B 国自行或者许可他人生产的该种专利产品售出后，"专利权用尽"。乙公司在 B 国购入该专利产品的行为合法。

（3）甲公司不能在 C 国对乙公司主张其专利权。因为甲公司在 C 国没有该电子仪器产品的专利权。

5. 答：（1）甲公司不能将自己的"新蒙"文字注册商标延伸使用至洗发液类似商品上。因为我国《商标法》第二十一条规定：注册商标需要在同一类的其他商品上使用的，应当另行提出注册申请。

（2）乙公司侵权。因为我国《商标法》第五十二条规定：未经商标注册人的许可，在同一种商品或者类似商品上使用与其注册商标相同或者近似的商标的行为均属侵犯注册商标专用权的行为。乙公司的行为就是未经商标注册人的许可在类似商品上使用与其注册商标相同的商标，属于侵权行为。

6. 答：（1）根据我国《商标法》第三十一条的规定，申请商标注册不得以不正当手段抢先注册他人已经使用并有一定影响的商标。

（2）达康食品厂可以在法定期间内向商标评审委员会请求复审。如果对商标评审委员会的决议不服的可以在法定期限内向人民法院起诉商标评审委员会。

（3）如果两厂同一天提出申请，根据我国《商标法》第二十九条规定，初步

审定并公告使用在先的商标。本案中，应当初审公告达康食品厂的商标申请。

（4）达康食品厂可以根据我国《反不正当竞争法》第五条第二、三款的规定向人民法院提起诉讼。要求康健饮料厂停止不正当竞争行为，赔偿达康食品厂由此不正当竞争行为引起的损失。

（5）企业应当尽早提出商标注册的申请，避免不必要的损失；同时，也应注意在商标注册时不与他人的在先权利相冲突。

7. 答：（1）法院依法判决湖南"老干妈"及北京某商场侵权。

因为被告的包装瓶的色彩、图案、产品名称甚至字体等都与原告相同，使人误认是原告的产品，构成不正当竞争。

（2）此案还可依据《专利法》起诉。因被告未经专利人许可，为生产经营目的制造、销售其外观设计专利产品；并可以以侵犯在先权利人的专利为由，请求专利复审委员会宣告被告专利权无效。

8. 答：该发明属于职务发明。专利申请权属于王红所在的企业。理由如下：根据我国《专利法》的规定，执行本单位的任务或主要是利用本单位的物质条件完成的发明创造，申请专利的权利属于该单位。本案中尽管王红是技术主要设计、制作人，但同时是该企业的技术员，并且是以企业的名义进行的研究，所以应认定该技术为职务发明。

9. 答：（1）儿童文化用品商店侵犯了郭某的专利权，依据我国《专利法》第十一条的规定：专利权人享有制造、使用、许诺销售、销售、进口专利产品的权利。儿童文化用品商店未经郭某同意，实施了销售专利产品的行为，构成侵权。但是根据我国《专利法》第六十三条第二款的规定，销售者销售不知道是未经专利权人许可而制造的专利产品，并且能证明其产品的合法来源的，不承担赔偿责任。所以，儿童用品商店不承担赔偿责任，仅承担停止销售的责任。

（2）A公司的行为构成对郭某专利的制造权的侵害。属于直接侵权行为，应承担停止制造、消除影响、赔偿专利权人的损失等民事责任。

10. 答：（1）B公司的行为并不能导致该新型电子设备的新颖性丧失。根据我国《专利法》第二十四条的规定，申请专利的发明创造在申请日以前6个月内，有下列情形之一的，不丧失新颖性：①在中国政府主办或者承认的国际展览会上首次展出的；②在规定的学术会议或者技术会议上首次发表的；③他人未经申请人同意而泄露其内容的。B公司未经A公司允许泄露A公司科研成果，导致其专利技术被公开，侵害了A公司的合法权利，故不能视为该电子设备新颖性丧失。

（2）专利复审委员会应当接受C公司的请求，在查证事实的基础上，作出维持A公司专利权的决定，并通知C公司。

11. 答：（1）新新公司2003年的产销行为没有侵犯东方机械厂的专利权。因为实用新型专利权真正受法律保护的有效期从专利权授权日起。2003年东方机械厂的实用新型专利申请还没有被授予专利权。

（2）新新公司 2004 年的产销行为没有侵犯东方机械厂的专利权。依照我国《专利法》对于先用权的规定，在 2002 年 12 月 8 日本专利申请之日之前新新公司全面完成了年产量 10 000 个 M 型热敏开关的必要准备。故新新公司 2004 年在 10 000 个原有范围内继续产销的行为依法不视为侵犯东方机械厂的专利权。

（3）新新公司 2005 年的产销行为侵犯了东方机械厂的专利权。2005 年新新公司产销 80 000 个 M 型热敏开关，超出了年产量 10 000 个的原有范围，故超出先用权范围的 70 000 个 M 型热敏开关的产销行为属于侵犯东方机械厂的专利权的行为。

12.（1）乙公司的行为构成侵权，因为我国《专利法》规定的交叉专利强制许可必须向有关专利行政部门请求后才能实施，根据我国《专利法》的规定，一项取得专利权的发明或者实用新型比以前已经取得专利权的发明或者实用新型具有显著经济意义的重大技术进步，其实施有赖于前一发明或者实用新型实施的，国务院专利行政部门根据后一专利权人的申请，可以给予实施前一发明或者实用新型实施的强制许可。

（2）甲公司可以根据我国《专利法》的规定，向国务院专利行政部门提出给予实施前一发明或者实用新型实施的强制许可的申请，在申请获得批准后，甲公司可以实施乙公司的专利。

13. 答：（1）四川凯德公司的行为构成侵权。根据我国《商标法》的规定，使用他人的注册商标，必须经注册商标的所有人同意，签订注册商标使用合同，但合同已于 2013 年 3 月 31 日到期。2013 年 8 月，四川凯德公司仍在使用"胡家"商标，构成侵权。

（2）四川凯德公司所在地法院能受理此案。在民事侵权案件中，我国《民事诉讼法》规定，因侵权行为提起的诉讼，由侵权行为地或被告住所地法院管辖。

第六章　反垄断法与反不正当竞争

一、单项选择题

1. 世界上最早的反垄断立法是 （　　）

    A.《谢尔曼法》

    B.《反托拉斯法》

    C.《卡特尔法》

    D.《禁止私人垄断及确保公平交易的法律》

2. 下列选项中，属于我国《反垄断法》所禁止的纵向垄断协议的是 （　　）

    A. 固定价格　　　　　　　　B. 划分市场

    C. 联合抵制交易　　　　　　D. 固定转售价格

3. 下列行为中属于掠夺性定价行为的是 （　　）

    A. 处理有效期限将到期的商品

    B. 处理季节性降价的商品

    C. 处理因清偿债务、转产、歇业降价销售的商品

    D. 以排挤竞争对手为目的，以低于成本的价格销售商品

4. 对外地商品设定歧视性收费项目、实施歧视性收费标准，构成 （　　）

    A. 横向垄断　　　　　　　　B. 纵向垄断

    C. 行政性垄断　　　　　　　D. 不正当竞争

5. 我国《反不正当竞争法》规定的不正当竞争的行为主体是 （　　）

    A. 法院　　　　　　　　　　B. 工商行政管理部门

    C. 经营者　　　　　　　　　D. 事业单位

6. 根据我国《反不正当竞争法》的规定，下列哪一行为属于不正当竞争行为中的假冒混同行为？ （　　）

    A. 甲厂在其产品说明书中作夸大其词的不真实说明

    B. 乙厂的矿泉水使用"清香"商标，而"清香矿泉水厂"是本地一知名矿泉水厂的企业名称

    C. 丙商场在有奖销售中把所有的奖券刮奖区都印上"未中奖"字样

    D. 丁酒厂将其在当地评奖会上的获奖证书复印在所有的产品包装上

7. 下列不属于不正当有奖销售行为的是　　　　　　　　　　（　　）

　　A. 欺骗性有奖销售

　　B. 利用有奖销售推销质次价高的商品

　　C. 巨额奖品的有奖销售

　　D. 赠送有价凭证的销售

8. 下列行业中不适用我国《反垄断法》调整的是　　　　　　（　　）

　　A. 轻工业　　　　　　　　　　B. 种植业

　　C. 生产业　　　　　　　　　　D. 服务业

9. 最常见、最普遍的不正当竞争行为是　　　　　　　　　　（　　）

　　A. 假冒混同行为　　　　　　　B. 虚假标示行为

　　C. 虚假宣传行为　　　　　　　D. 商业贿赂

10. 经营者在销售商品时向消费者搭售其愿意接受的其他商品，该行为是

　　　　　　　　　　　　　　　　　　　　　　　　　　　（　　）

　　A. 不正当竞争行为　　　　　　B. 正当竞争行为

　　C. 不当搭售行为　　　　　　　D. 应受法律制裁的行为

11. 对外地商品设定歧视性收费项目、实施歧视性收费标准，或者规定歧视性
价格，这些行为的性质属于　　　　　　　　　　　　　　　（　　）

　　A. 经济性垄断　　　　　　　　B. 横向垄断协议

　　C. 不正当竞争行为　　　　　　D. 行政性垄断赂行为

12. 某市政府专门针对外地商品实施行政许可，限制外地商品进入本地市场，
此行为属于　　　　　　　　　　　　　　　　　　　　　　（　　）

　　A. 经济性垄断　　　　　　　　B. 滥用市场支配地位限制竞争行为

　　C. 行政性垄断　　　　　　　　D. 不正当竞争行为

13. 认定竞争行为的"不当性"时，除了比照《反不正当竞争法》所列举的
具体行为方式外，还可以依据　　　　　　　　　　　　　　（　　）

　　A. 社会公德　　　　　　　　　B. 商业道德

　　C. 行业惯例　　　　　　　　　D. 公序良俗

14. 我国《反垄断法》与《反不正当竞争法》的立法体例是　　（　　）

　　A. 分立式立法　　　　　　　　B. 合并式立法

　　C. 混合式竞争立法　　　　　　D. 单一立法

15. 我国不予禁止的经营者集中情形包括　　　　　　　　　　（　　）

　　A. 经营者合并

　　B. 经营者通过取得股权或资产的方式取得对其他经营者的控制权

　　C. 经营者通过合同等方式取得对其他经营者的控制权

　　D. 集中对竞争产生的有利影响明显大于不利影响或者集中符合社会公共
　　　利益

16. 我国《反不正当竞争法》实施于哪一年？ （　　）

    A. 1993 年　　　　　　　　　　　B. 1994 年

    C. 1995 年　　　　　　　　　　　D. 1996 年

17. "意大利脂漆家具"的广告语在性质上属于 （　　）

    A. 引人误解的宣传　　　　　　　B. 虚假宣传

    C. 伪造产地　　　　　　　　　　D. 假冒注册商标

18. 经营者从事的抽奖式有奖销售，最高奖的金额不得超过 （　　）

    A. 1 000 元　　　　　　　　　　B. 5 000 元

    C. 10 000 元　　　　　　　　　D. 20 000 元

19. 我国《反垄断法》于何时起正式实施？ （　　）

    A. 2007 年 8 月 30 日　　　　　B. 2008 年 8 月 30 日

    C. 2007 年 8 月 1 日　　　　　　D. 2008 年 8 月 1 日

20. 我国将垄断协议分为横向垄断协议和纵向垄断协议的依据是 （　　）

    A. 参与协议的主体　　　　　　　B. 协议的性质

    C. 协议的作用　　　　　　　　　D. 协议产生的法律后果

21. 下列情形中，属于不正当竞争行为的是 （　　）

    A. 季节性降价　　　　　　　　　B. 降价销售鲜活商品

    C. 盗窃权利人的商业秘密　　　　D. 因歇业降价销售商品

22. 下列各项中属于不当低价销售行为的是 （　　）

    A. 因破产降价处理库存商品

    B. 季节性降价

    C. 因转产降价销售

    D. 以排挤竞争对手为目的，以低于成本的价格销售商品

23. 世界上最早的反垄断立法是哪一国 1890 年颁布的《抵制非法限制与垄断
保护贸易及商业法》？ （　　）

    A. 英国　　　　　　　　　　　　B. 美国

    C. 德国　　　　　　　　　　　　D. 日本

24. 下列选项中属于商业秘密的是 （　　）

    A. 家谱　　　　　　　　　　　　B. 历史文献

    C. 天气预报　　　　　　　　　　D. 家传秘方

25. 市场主体通过自身的力量设置市场进入障碍而形成的垄断称为 （　　）

    A. 独占垄断　　　　　　　　　　B. 经济性垄断

    C. 自然垄断　　　　　　　　　　D. 行政性垄断

26. 我国《反不正当竞争法》关于商业秘密保护的规定，下列正确的表述是

（　　）

    A. 某老字号店大不欺客招牌内容是商业秘密

B. 已经获得专利权的发明创造可以成为商业秘密

C. 限定涉密信息的知悉范围表明权利人采取了保密措施

D. 可以采取利诱手段获取权利人商业秘密

27. 根据反垄断法的规定，我国《反垄断法》的立法目的不包括　　　（　　）

　　A. 预防和制止垄断行为

　　B. 维护消费者利益。

　　C. 保护交易安全

　　D. 维护社会公共利益，促进社会主义市场经济健康发展

28. 根据我国《反不正当竞争法》的规定，下列关于虚假宣传行为的陈述，正确的是　　　　　　　　　　　　　　　　　　　　　　　　（　　）

　　A. 虚假宣传行为的主体不是经营者

　　B. 以明显的夸张方式宣传商品当然是虚假宣传行为

　　C. 人民法院应当根据日常生活经验等多项因素对虚假宣传行为进行认定

　　D. 虚假宣传行为所涉及相关公众特指相关专家

二、多项选择题

1. 下列属于我国《反垄断法》所禁止的滥用市场支配地位的行为有（　　）

　　A. 拒绝交易　　　　　　　　　　B. 掠夺性定价

　　C. 独家交易　　　　　　　　　　D. 搭售

　　E. 歧视待遇

2. 下列选项中，属于不当有奖销售行为的有　　　　　　　　　（　　）

　　A. 采用谎称有奖的欺骗方式进行有奖销售

　　B. 利用有奖销售的手段推销质次价高的商品

　　C. 抽奖式的有奖销售，最高奖的金额超过 5 000 元

　　D. 采用故意让内定人员中奖的欺骗方式进行有奖销售

　　E. 经营者向购买者赠送礼品

3. 下列属于不正当竞争行为的有　　　　　　　　　　　　　　（　　）

　　A. 明知是他人通过不正当手段获得的商业秘密而使用的

　　B. 因转业低价销售商品

　　C. 虚假广告行为

　　D. 伪造或冒用认证标志及名优标志

　　E. 商业贿赂行为

4. 我国《反垄断法》的适用对象是　　　　　　　　　　　　　（　　）

　　A. 独占垄断　　　　　　　　　　B. 经济性垄断

　　C. 国家垄断　　　　　　　　　　D. 行政性垄断

E. 自然垄断

5. 下列行为中，属于商业贿赂行为的是 （　　　）
    A. 在账外暗中给予对方单位或个人回扣的
    B. 以实物方式退给对方单位或个人折扣的
    C. 对方单位或个人在账外暗中接受现金回扣的
    D. 以明示方式如实入账给中间人佣金的
    E. 对方单位或个人在账外暗中接受实物回扣的

6. 下列属于横向垄断协议的表现形式的有 （　　　）
    A. 限定向第三人转售商品的最低价格
    B. 限制商品的生产数量或销售数量
    C. 固定或者变更商品价格
    D. 分割销售市场或者原材料采购市场
    E. 联合抵制交易

7. 对相关市场的界定，需要考虑的因素有 （　　　）
    A. 价格   B. 商品
    C. 地域   D. 时间
    E. 经营者

8. 下列属于不正当竞争行为的有 （　　　）
    A. 允许他人使用通过胁迫手段获取的权利人的商业秘密
    B. 以低于成本的价格销售商品
    C. 虚假广告行为
    D. 政府滥用行政权力，限制外地商品进入本地市场
    E. 串通招投标行为

9. 根据我国《反垄断法》的规定，我国制定反垄断法的目的有 （　　　）
    A. 保护市场公平竞争，提高经济运行效益
    B. 维护消费者利益
    C. 维护社会公共利益，促进社会主义市场经济健康发展
    D. 打击不正当竞争行为
    E. 预防和制止垄断行为

10. 下列属于垄断协议的有 （　　　）
    A. 限制开发新技术的协议
    B. 限制商品的生产数量或销售数量
    C. 固定商品价格的协议
    D. 分割销售市场或者原材料采购市场
    E. 联合抵制交易

三、简答题

1. 简述横向垄断协议的具体种类。

2. 简述我国《反不正当竞争法》禁止的不正当竞争行为。

3. 简述滥用市场支配地位的表现形式。

4. 简述不正当竞争行为的概念和特征。

5. 简述我国《反垄断法》的立法目的。

6. 简述虚假广告的具体类型。

7. 简述不当有奖销售行为。

8. 简述侵犯商业秘密的行为有哪些？

9. 简述商业诽谤行为构成要件。

10. 经营者集中的表现形式有哪些?

四、论述题

论反垄断法与反不正当竞争法的关系。

五、案例题

2010 年 5 月，北京某一竣工小区，水、电、气等有待开通，竣工验收时，煤气公司的验收人员发现小区所用的煤气灶和热水器不是煤气公司指定的有关企业的产品，即认为不符合要求不能通气。承建小区的单位认为，公司选用的煤气灶和热水器是具有生产许可证的企业通过认证的优质产品，质量好，价格合理，比煤气公司指定的产品畅销。煤气公司的领导要挟：必须换上煤气公司指定的产品，否则不能通气，以免出现安全问题。

根据上述材料，回答下列问题：

（1）煤气公司的行为属于什么？

（2）为什么说煤气公司的行为是一种不正当竞争行为？

参考答案

一、单项选择题

1. A　2. D　3. D　4. C　5. C　6. C　7. D　8. B　9. D

10. B　11. D　12. C　13. B　14. A　15. D　16. A　17. A　18. B

19. D　20. A　21. C　22. C　23. B　24. D　25. B　26. C　27. C

28. C

二、多项选择题

1. ABCDE　2. ABCD　3. ACDE　4. BD　5. ACE　6. BCDE

7. BCD　8. ACDE　9. ABCE　10. ABCDE

三、简述题

1. 答：横向垄断协议，是指具有竞争关系的经营者之间达成的协议。具体包括：

（1）固定或者变更商品价格。这是最为严重的限制竞争行为。

（2）限制商品的生产数量或者销售数量。

（3）分割销售市场或者原材料采购市场。

（4）限制购买新技术、新设备或者限制开发新技术、新产品。

（5）联合抵制交易，又称集体拒绝交易。包括设置第三人进入市场障碍协议和排挤竞争对手协议。

（6）国务院反垄断执法机构认定的其他垄断协议。

（答出任意 5 项即可）

2. 答：（1）假冒混同行为。

（2）虚假标示行为。

（3）虚假宣传行为。

（4）商业贿赂行为。

（5）侵犯商业秘密行为。

（6）不正当有奖销售行为。

（7）商业诽谤行为。

（答出任意 5 项即可）

3. 答：（1）以不公平的高价销售商品或者以不公平的低价购买商品。

（2）掠夺性定价行为。

（3）拒绝交易行为。

（4）独家交易行为。

（5）搭售和附加不合理交易条件。

（6）歧视待遇行为。

（7）国务院反垄断执法机构认定的其他滥用市场支配地位的行为。

（答出任意5项即可）

4. 答：不正当竞争行为泛指经营者为了争夺市场竞争优势，违反公认的商业习俗和道德，采用欺诈、混淆等经营手段排挤或破坏竞争，扰乱市场经济秩序，并损害其他经营者和消费者合法权益的竞争行为。其特征包括：

（1）不正当竞争行为是一种竞争行为。

（2）不正当竞争行为的主体为实施违法竞争行为的经营者。

（3）经营者实施了不正当竞争行为。

（4）不正当竞争行为具有社会危害性。

5. 答：根据我国《反垄断法》的规定，我国制定《反垄断法》的目的有以下几个方面：

（1）预防和制止垄断行为。

（2）保护市场公平竞争，提高经济运行效益。

（3）维护消费者利益。

（4）维护社会公共利益，促进社会主义市场经济健康发展。

6. 答：（1）商品或者服务不存在的。

（2）商品的性能、功能、产地、用途、质量、规格、成分、价格、生产者、有效期限、销售状况、曾获荣誉等信息，或者服务的内容、提供者、形式、质量、价格、销售状况、曾获荣誉等信息，以及与商品或者服务有关的允诺等信息与实际情况不符，对购买行为有实质性影响的。

（3）使用虚构、伪造或者无法验证的科研成果、统计资料、调查结果、文摘、引用语等信息作证明材料的。

（4）虚构使用商品或者接受服务的效果的。

（5）以虚假或者引人误解的内容欺骗、误导消费者的其他情形。

7. 答：不当有奖销售行为，是指不利于公正竞争或者侵犯消费者权益的有奖销售行为。包括：

（1）采用谎称有奖者故意让内定人员中奖的欺骗方式进行有奖销售。

（2）利用有奖销售的手段推销质次价高的商品。

（3）抽奖式的有奖销售，最高奖的金额超过5 000元。

8. 答：（1）以盗窃、利诱、胁迫或其他不正当手段获取权利人的商业秘密；

（2）披露、使用或允许他人以不正当手段获取商业秘密；

（3）违反约定或违反权利人有关保守商业秘密的要求，披露、使用或允许他人使用其所掌握的商业秘密；

（4）第三人明知或应知上述违法行为，而获取、使用或者披露权利人的商业秘密。

9. 答：（1）商业诽谤行为的主体必须是具有竞争关系的经营者；

（2）商业诽谤行为的对象为竞争对手的商业信誉或商品信誉；

（3）商业诽谤行为的目的是削弱竞争对手的市场竞争力，并谋求自己市场的竞争优势，因此行为人主观上具有诽谤故意；

（4）商业诽谤行为必须具有公示性，即必须为第三人所知悉。

10. 答：（1）经营者合并。

（2）经营者通过取得股权或资产的方式取得对其他经营者的控制权。

（3）经营者通过合同方式取得对其他经营者的控制权或者对其他经营者施加决定性影响。

四、论述题

答：反垄断法与反不正当竞争法同属于市场竞争规制的法律范畴，都以市场竞争关系与市场竞争管理关系为调整对象。同时，二者又存在很大差异。

（1）二者的具体立法目的不同。反垄断法的目的是维护市场竞争机制，保护多个经营者的经济行为自由，而不是直接地保护特定的竞争者。因此，反垄断法解决的是市场中有没有竞争的问题，而反不正当竞争法则主要解决市场中的不正当竞争的问题。

（2）二者具体规制的行为有所区别。反垄断法是从垄断行为的反竞争角度进行定性和规范的，因为垄断行为的性质是排斥竞争和限制竞争，企图达到独占或寡占的目的；而反不正当竞争法则是对存在竞争的情况下，运用违背商业道德和善良风俗的手段，打击正当经营的竞争对手的行为进行规制。在我国反垄断法出台之前，我国的反不正当竞争法根据中国的实际情况，规定了若干反对、排除、限制竞争的条款，对维护我国的市场竞争机制、保护市场竞争起到了重要的作用。反垄断法实施后，有关部门将对反不正当竞争法进一步梳理，涉及排除、限制竞争的问题将统一适用反垄断法。

五、案例题

答：（1）公用企业在国家授权下，垄断某一基础产业，占有独占地位，其特殊地位使公用企业有可能实施强制交易行为，令消费者和使用者在胁迫下不得不接受公用企业所限定购买的经营者的商品。煤气公司限定用户必须安装某种品牌的煤气灶和热水器的行为构成强制交易行为。

（2）煤气灶和热水器等并不是由国家授权煤气公司统一经营的，而是由多家企业生产、经营的，它们可以提供大体相同质量、相同价格和性能的多种商品，由用户自由选择。这些生产、经营煤气灶和热水器的经营者，本来处于公平竞争的地位，但是煤气公司限定用户购买其所指定的经营者的商品，实际上是强制性地安排他人的交易活动。用户选择的煤气灶，其实符合国家标准，煤气公司假借安全问题为理由是不成立的，限制了用户自由选择的权利，限制了煤气灶和热水器生产、经营企业之间的公平竞争。公用企业指定商品，不是对使用者的安全负责。该商品之所以被指定使用，也不是质量好，价格低。这种强制交易行为的幕后，往往有不可告人的交易：被指定的经营者从公用企业处得到了竞争优势，经营者又以好处费回报公用企业。

第七章 产品质量法

一、单项选择题

1. 下列物品属于我国《产品质量法》上的产品的是 （   ）
   - A. 矿产品
   - B. 农产品
   - C. 手机
   - D. 房屋

2. 主管全国产品质量监督工作的机构是 （   ）
   - A. 国家食品药品监督管理局
   - B. 国家质量监督检验检疫总局
   - C. 国家工商行政管理总局
   - D. 商务部

3. 根据我国《产品质量法》的规定，我国企业质量体系认证采用的原则是 （   ）
   - A. 强制原则
   - B. 自愿原则
   - C. 协议原则
   - D. 半强制原则

4. 因产品存在缺陷造成人身、缺陷产品以外的其他财产损害的，承担赔偿责任的主体是 （   ）
   - A. 生产者
   - B. 销售者
   - C. 设计者
   - D. 行政主管部门

5. 在我国，因产品存在缺陷造成损害要求赔偿的诉讼时效期间是 （   ）
   - A. 1 年
   - B. 2 年
   - C. 3 年
   - D. 5 年

6. 下列选项中，不属于我国《产品质量法》调整范围中的产品的是 （   ）
   - A. 电动汽车
   - B. 建筑工程
   - C. 农用收割机
   - D. 人用药品

7. 国家对产品质量进行检查的主要方式是 （   ）
   - A. 重点检查方式
   - B. 普查方式
   - C. 调查方式
   - D. 抽查方式

8. 根据我国《产品质量法》的规定，不属于生产者承担产品责任构成要件的是 （   ）
   - A. 产品存在缺陷

    B. 造成人身或财产的损害

    C. 产品缺陷与损害之间存在因果关系

    D. 生产者存在过错

9. 因产品存在缺陷造成损害要求赔偿的请求权期限是 （   ）

    A. 在造成损害的缺陷产品交付最初消费者满 2 年丧失；但是，尚未超过明示的安全使用期的除外

    B. 在造成损害的缺陷产品交付最初消费者满 5 年丧失；但是，尚未超过明示的安全使用期的除外

    C. 在造成损害的缺陷产品交付最初消费者满 10 年丧失；但是，尚未超过明示的安全使用期的除外

    D. 在造成损害的缺陷产品交付最初消费者满 20 年丧失；但是，尚未超过明示的安全使用期的除外

10. 以下产品受我国《产品质量法》调整的是 （   ）

    A. 原煤   B. 电视机

    C. 商品房   D. 初级农产品

11. 以下关于产品质量认证制度的表述中，错误的是 （   ）

    A. 产品质量认证采用自愿原则

    B. 产品安全认证不属于产品质量认证

    C. 产品质量认证不同于企业质量体系认证

    D. 经认证合格的，由认证机构颁发产品质量认证证书

12. 有权主张产品瑕疵责任的权利主体只能是 （   ）

    A. 购买者   B. 使用者

    C. 第三人   D. 借用者

13. 产品瑕疵责任适用我国《民法通则》的规定，诉讼时效期限为 （   ）

    A. 1 年   B. 2 年

    C. 3 年   D. 5 年

14. 根据我国《产品质量法》的规定，解决由产品缺陷造成人身侵害纠纷的主要方式是 （   ）

    A. 赔偿缺陷产品的价款   B. 赔礼道歉

    C. 损害赔偿   D. 支付违约金

15. 生产者、销售者对抽查检验结果有异议的，可以在法定期限内向抽检机构或上级质量监督部门申请复检，该法定期限是自收到检验结果之日起 （   ）

    A. 10 日内   B. 15 日内

    C. 30 日内   D. 60 日内

16. 消费者在购买商品前已经知道该商品存在瑕疵，但经营者没有违反国家产品质量有关规定，则经营者 （   ）

A. 不再承担质量担保义务

B. 可以不承担质量担保义务

C. 仍应承担质量担保义务

D. 按一定比例承担质量担保义务

17. 根据我国《产品质量法》的规定，下列各项中不属于产品抽查对象的是

（　　）

    A. 可能危及人体健康的产品

    B. 可能危及财产安全的产品

    C. 影响国计民生的重要工业产品

    D. 天然矿石

18. 因产品缺陷造成损害要求赔偿的，诉讼期间为　　　　　　　　（　　）

    A. 1 年　　　　　　　　　　　　B. 2 年

    C. 3 年　　　　　　　　　　　　D. 5 年

19. 以下产品属于我国《产品质量法》调整的是　　　　　　　　　（　　）

    A. 原煤　　　　　　　　　　　　B. 电视机

    C. 商品房　　　　　　　　　　　D. 初级农产品

20. 根据我国《产品质量法》的规定，裸装食品　　　　　　　　　（　　）

    A. 可以不附加产品标识

    B. 必须附加产品标识

    C. 既可以附加产品标识，也可以不附加产品标识

    D. 除了附加产品标识，还应附加警示说明

21. 下列关于销售者和生产者承担产品责任的判断正确的是　　　　（　　）

    A. 只有销售者故意致使产品存在缺陷才承担赔偿责任

    B. 因产品存在缺陷造成人身损害或财产损失，只有产品购买者才有权要求赔偿

    C. 属于产品销售者责任的，生产者可以拒绝受害者向其提出的索赔要求

    D. 销售者不能指明缺陷产品生产者，也不能指明缺陷产品供货者的，销售者应当承担赔偿责任

22. 我国《产品质量法》规定的产品不包括　　　　　　　　　　　（　　）

    A. 电冰箱　　　　　　　　　　　B. 汽车

    C. 公寓楼房　　　　　　　　　　D. 赠送给消费者的润肤露

23. 以下产品属于我国《产品质量法》调整的是　　　　　　　　　（　　）

    A. 军工企业生产的民用产品

    B. 建设工程

    C. 刚从地里挖出的土豆

    D. 鱼塘打捞出来的野生鱼

24. 根据我国《产品质量法》的规定，下列关于产品质量责任的表述，正确的是 （   ）

    A. 产品质量责任不是一种综合责任

    B. 产品质量责任就是产品责任

    C. 产品质量责任包括瑕疵担保责任

    D. 产品质量责任不包括刑事责任

25. 根据我国《产品质量法》的规定，下列关于产品质量检验制度的表述正确的是 （   ）

    A. 产品质量检验应当检验合格

    B. 产品质量检验是强制检验

    C. 只能由生产者自己检验

    D. 必须委托第三方机构进行检验

二、多项选择题

1. 产品缺陷的类型包括 （   ）

    A. 原料缺陷   B. 制造缺陷

    C. 设计缺陷   D. 包装缺陷

    E. 警示缺陷

2. 下列情形中，生产者不承担赔偿责任的有 （   ）

    A. 未将产品投入流通

    B. 产品属于免费赠送的产品

    C. 以低于成本价出售的产品

    D. 产品投入流通时，引起损害的缺陷尚不存在

    E. 将产品投入流通时的科学技术水平尚不能发现缺陷的存在

3. 我国《产品质量法》的立法宗旨是 （   ）

    A. 为了加强对产品质量的管理，提高产品质量水平

    B. 明确产品质量责任

    C. 保护消费者的合法权益

    D. 维护社会经济秩序

    E. 打击不法分子

4. 一般来说，产品的特性包括 （   ）

    A. 适用性   B. 安全性

    C. 可靠性   D. 可维修性

    E. 经济性

5. 根据我国《产品质量法》的规定，下列情形中生产者不承担产品责任的是
　　　　　　　　　　　　　　　　　　　　　　　（　　　　）

    A. 尚处于试验阶段的电视被张某偷回家使用，电视爆炸致其受伤

    B. 由于消费者的错误安装导致产品缺陷

    C. 由于消费者的错误使用导致产品缺陷

    D. 损害赔偿请求权因时效届满而丧失

    E. 产品投入流通时的科学技术水平不能发现缺陷存在

6. 企业在申请企业质量体系认证过程中享有自主权和选择权，其内容包括
　　　　　　　　　　　　　　　　　　　　　　　（　　　　）

    A. 是否申请认证的自由

    B. 如何申请的自由

    C. 选择认证机构的自由

    D. 选择认证所依据的技术标准的自由

    E. 变更认证所依据的技术标准的自由

三、简答题

1. 阐述产品的含义。

2. 阐述产品责任的构成条件。

3. 试述生产者的产品质量义务。

4. 试述销售者的产品质量义务。

5. 我国《产品质量法》对生产者的产品标识有哪些要求？

四、论述题

试分析产品缺陷与产品瑕疵的差异。

五、案例题

1. 2015 年端午节当天，甲在 A 商场从 B 公司承租的柜台买了两盒 C 公司生产的粽子。当天吃完粽子后，一家人上吐下泻，被朋友送到附近医院。医生诊断为食物中毒，共花去医疗费 5 000 元。经查，该粽子所含有害细菌严重超标，并且是在生产环节造成的。

根据上述材料，回答下列问题：

（1）该粽子是否为缺陷产品？

（2）甲可以向哪些经营者主张赔偿所受到的损失？

（3）如甲向 C 公司主张赔偿时，C 公司已经分立为 D、E 两家公司。甲是否可以要求 D、E 两家公司承担赔偿责任？

2. 张三与李四于 2016 年 8 月签订卖牛协议，张三卖给李四一头母牛，价为 8 000 元，2016 年 8 月 15 日，张三依照协议约定时间将母牛交给李四，李四向张三支付购牛款 8 000 元。李四牵牛回家两日后，发现该牛为病牛。由于母牛与李四已有的一头公牛合养，致使该公牛患病。治愈该公牛医疗费为 500 元。经查，张三明知母牛是病牛，却以好牛卖给李四。

根据上述材料，回答下列问题：

（1）李四何时取得母牛的财产所有权？

（2）李四是否有权要求张三承担病母牛的瑕疵担保责任？

（3）对治愈公牛医疗费 500 元，李四是否有权追究张三的民事责任？具体为何种民事责任？

参考答案

一、单项选择题

1. C   2. B   3. B   4. A   5. B   6. B   7. D   8. D   9. C
10. B   11. B   12. A   13. A   14. C   15. B   16. A   17. D   18. B
19. B   20. A   21. D   22. C   23. C   24. C   25. A

二、多项选择题

1. BCE   2. ADE   3. ABCD   4. ABCDE   5. ABCE   6. ABC

三、简答题

1. 答：（1）产品是指经过加工、制作的物质产品；
（2）经过加工、制作的物质产品必须用于销售；
（3）经过加工、制作用于销售的产品仅限于动产。

2. 答：（1）产品存在质量缺陷；（2）缺陷在生产或销售环节已经存在；
（3）损害事实客观存在，即已造成了他人人身伤害或财产上的损害；（4）产品缺陷是损害发生的原因。

3. 答：（1）生产者保证产品内在质量的义务；（2）生产者的产品标识应当符合法律要求；（3）特定产品的包装质量符合要求；（4）产品生产的禁止性规定。

4. 答：（1）进货检查验收义务；（2）保持产品质量的义务；（3）有关产品标识的义务；（4）产品销售的禁止性规定。

5. 答：（1）有产品质量检验合格证明，否则产品不得进入流通领域。

（2）有中文标明的产品名称、生产厂厂名和厂址。

（3）根据产品的特点和使用要求，需要标明产品规格、等级等，用中文标明。需要事先让消费者知晓的，应在外包装上标明或预先向消费者提供资料。

（4）限期使用的产品，应在显著位置标明生产日期和安全使用或者失效日期。

（5）使用不当，容易造成产品本身损坏或者可能危及人身、财产安全的产品，应当有警示标志或中文警示说明。

（6）裸装的食品和其他根据产品特点难以附加标识的裸装产品，可以不附加产品标识。

四、论述题

答：（1）产品缺陷是指产品存在危及人身与财产安全的不合理危险；而产品

瑕疵则是指产品不具备良好的特性，不符合明示的产品标准，或者不符合产品说明、实物样品等方式表明的质量状况，但不存在危及人身、财产安全的不合理的危险。

（2）缺陷产品属于禁止流通产品，不得交易；瑕疵产品，因其尚未丧失产品原有的使用价值，消费者可在知悉瑕疵实情的前提下自行决定是否接受。

（3）产品缺陷责任是一种特殊侵权责任，有权主张产品缺陷责任的主体是因产品缺陷遭受人身或财产损害的购买者，包括产品的购买者、使用者和其他因此受到损害的第三人。受害人既可向缺陷产品的生产者也可向销售者要求赔偿。产品瑕疵责任是一种合同责任，主张该责任必须以当事人之间存在合同关系为前提。

（4）产品缺陷责任以损害赔偿为主要责任方式。产品瑕疵责任，则由销售者依照法律规定或者合同约定，负责修理、更换、退货以及赔偿损失，即"三包"加赔偿。

（5）因产品缺陷造成损害要求赔偿的，诉讼有效期为2年，自当事人知道或者应当知道其权益受到损害时起计算；产品瑕疵责任适用我国《民法通则》第一百三十六条规定，诉讼时效期限为1年。

五、案例题

1. 答：（1）是缺陷产品，因其有害细菌严重超标，不符合国家标准。

（2）甲可以向A商场、B公司、C公司主张赔偿，因其都是法律规定的责任人。

（3）甲可以要求D、E两家公司承担责任。根据法律规定，消费者在购买、使用商品或接受服务时，其合法权益受到损害，原企业分立的，可以向变更后承受其权利义务的企业要求赔偿。

2. 答：（1）取得母牛的财产所有权的时间是2016年8月15日。标的物所有权自标的物交付时起转移。（2）李四有权要求张三承担病母牛的瑕疵担保责任。出卖人应当担保自己出卖之物不存在瑕疵，否则要承担瑕疵责任。（3）对公牛治病花去的医疗费，李四选择追究张三的违约责任，也可以选择追究张三的侵权责任，因当事人一方的违约，侵害对方的人身、财产权益的，受损害方有权选择依照我国《合同法》要求其承担违约责任或侵权责任。

第八章　消费者权益保护法

一、单项选择题

1. 我国《消费者权益保护法》规定的消费者权利中，核心的权利是 （　　）
   A. 保障安全权　　　　　　　　B. 知悉真情权
   C. 自主选择权　　　　　　　　D. 公平交易权

2. 根据我国《消费者权益保护法》的规定，下列商品中，适用 7 日内退货制度的是 （　　）
   A. 消费者定做的　　　　　　　B. 消费者在线下购买的
   C. 鲜活易腐的　　　　　　　　D. 消费者在线下载的数字化商品

3. 某美容店向李某推荐一种护肤产品。李某对该产品如此便宜表示疑惑，店家解释为店庆优惠。李某买回使用后，面部出现红肿、瘙痒。后经质检部门认定为劣质产品。李某遂向美容店索赔。对此，下列说法中正确的是 （　　）
   A. 美容店不知道该产品为假名牌，不应承担责任
   B. 美容店不是假名牌的生产者，不应承担责任
   C. 美容店违反了保证商品和服务安全的义务，应承担责任
   D. 李某对该产品有怀疑仍接受了服务，应承担部分责任

4. 2015 年"国庆"期间，小张通过某购物网站在一家在线手机专卖店购买了一部手机，事后发现该手机存在质量问题，于是小张同该购物网站进行交涉。但是该购物网站并不能提供该手机专卖店店主的真实名称、地址和有效联系方式等，在此情况下，小张应向谁要求赔偿？ （　　）
   A. 手机专卖店店主　　　　　　B. 某购物网站
   C. 手机生产商　　　　　　　　D. 自认倒霉

5. 根据我国《消费者权益保护法》的规定，经营者提供商品或者服务有欺诈行为的，应当按照消费者的要求增加赔偿其受到的损失，增加赔偿的金额为消费者购买商品的价款或者接受服务的费用的 （　　）
   A. 一倍　　　　　　　　　　　B. 两倍
   C. 三倍　　　　　　　　　　　D. 五倍

6. 关于经营者提供的格式条款，下列说法有误的是 （   ）
   A. 采用格式条款订立合同时，相对方可以就格式条款提出修改要求
   B. 采用格式条款订立合同时，相对方只能完全同意或者拒绝
   C. 提供格式条款的经营者应当对格式条款的存在及其内容尽到提示、说明的义务
   D. 经营者对格式条款事项进行提醒时，既可以采用口头方式，也可以采用书面通知

7. 关系消费者生命健康的商品或者服务的虚假广告，造成消费者损害的 （   ）
   A. 由广告主承担责任
   B. 由广告经营者承担责任
   C. 由广告发布者承担责任
   D. 由广告代言人与广告主、广告经营者、广告发布者一起承担连带责任

8. 关于消费者的含义，下列论述正确的是 （   ）
   A. 消费者只能是亲自购买商品的个人，使用和消费他人购买的商品的人不能称之为消费者
   B. 消费者即买受人，二者是对等的
   C. 消费者在使用试用产品、品尝免费饮料时，其作为消费者所享有的权益不受保护
   D. 单位因消费而购买商品或接受服务，应当受合同法调整，而不应当受消费者权益保护法调整

9. 下列情形中的当事人，属于消费者的是 （   ）
   A. 周某购买了一台吸尘器供自家使用
   B. 甲企业购买办公家具供企业办公使用
   C. 郑某大量采购水果转手售卖
   D. 某商场购买一次性纸杯供顾客品尝果汁使用

10. 下列关于消费者监督批评权的表述正确的是 （   ）
    A. 监督批评权又名知情权
    B. 设定该权利的目的是加强消费者的自我保护能力
    C. 消费者获得尊重是该权利内容之一
    D. 消费者获得赔偿是该权利内容之一

11. 以下关于经营者的义务表述正确的是 （   ）
    A. 经营者不承担接受消费者监督的义务
    B. 经营者承担保证服务符合国际标准的义务
    C. 缺陷产品一经售出，经营者对消费者的义务即终止
    D. 经营者承担标明真实标记的义务

12. 某经营者准备开设一家健身中心，就消费者权利和义务作出如下规定，其中符合法律要求的一项是 （　　）

    A. 有权对每一个进入健身中心的消费者进行安全检查

    B. 应当告知健身器械的使用方法

    C. 可以以店堂告示的方式限制消费者的主要权利

    D. 不要向消费者提供服务单据

13. 消费者的权利不包括 （　　）

    A. 获得尊重权   B. 公平交易权

    C. 索赔权   D. 开业权

14. 消费者保护协会对消费者合法权益的保护属于 （　　）

    A. 立法保护   B. 社会保护

    C. 司法保护   D. 行政保护

15. 消费者有权获得质量保障、价格合理、计量准确的交易条件，这属于消费者的 （　　）

    A. 保障安全权   B. 公平交易权

    C. 自主选择权   D. 知悉真情权

16. 单位因消费而购买商品或者接受服务，应受 （　　）

    A. 民法调整   B. 合同法调整

    C. 消费者权益保护法调整   D. 产品质量法调整

17. 在消费者的诸多权利中，核心权利是 （　　）

    A. 安全权   B. 知情权

    C. 选择权   D. 公平交易权

18. 根据我国《消费者权益保护法》的规定，消费者组织是依法成立的对商品和服务进行社会监督的保护消费者合法权益的 （　　）

    A. 国家机关   B. 行业管理部门

    C. 行业自律组织   D. 社会团体

19. 对格式条款的理解发生争议时，应当按照通常理解解释，对格式条款有两种以上解释后，应当作出 （　　）

    A. 不利于提供格式条款一方解释

    B. 整体解释

    C. 文义解释

    D. 交易惯例解释

20. 下列不属于消费者权益保护法确立原则的是 （　　）

    A. 依法交易原则

    B. 对弱势地位消费者特别保护原则

    C. 平等互利原则

D. 全社会保护原则

21. 消费者在购买、使用商品或者接受服务时，有权询问和了解商品或者服务的有关情况，这属于消费者的　　　　　　　　　　　　（　　）

    A. 保障安全权　　　　　　　　　　B. 公平交易权

    C. 自主选择权　　　　　　　　　　D. 知悉真情权

22. 根据我国《消费者权益保护法》的规定，下列属于消费者协会职能的一项是

（　　）

    A. 支持受损害的消费者提起诉讼

    B. 对投诉事项进行调查、裁决

    C. 对涉及商品和服务质量问题的投诉事项进行鉴定

    D. 向经营者提供有偿咨询服务

23. 根据我国《消费者权益保护法》的规定，消费者购买商品或接受服务时享有的权利不包括　　　　　　　　　　　　　　　　（　　）

    A. 自主选择购买某一品牌的冰箱

    B. 选择接受甲、乙、丙、丁等若干经营者的服务

    C. 询问提供餐饮服务的服务员是否具有健康证明

    D. 只要对购买的产品不满意，就可以退换产品

24. 消费者协会的职能不包括　　　　　　　　　　　　　　（　　）

    A. 主管对商品和服务的监督、检查

    B. 受理消费者的投诉

    C. 支持受损害的消费者提起诉讼

    D. 对损害消费者合法权益的行为，通过大众传播媒介予以揭露、批评

二、多项选择题

1. 消费者权益争议的解决途径主要有　　　　　　　　　　（　　）

    A. 与经营者协商和解　　　　　　B. 请求消费者协会调解

    C. 向有关行政部门申诉　　　　　D. 向人民法院提起诉讼

    E. 提请仲裁机构仲裁

2. 经营者对消费者负有提供真实信息的义务，包括　　　　（　　）

    A. 经营者提供的信息应当真实、全面

    B. 经营者不得作虚假宣传

    C. 经营者不得作引人误解的宣传

    D. 经营者提供商品或者服务应当明码标价

    E. 经营者应该对消费者进行产品使用培训

3. 借用他人营业执照的违法经营者，提供商品或者服务给消费者造成损害的，受害人请求赔偿的对象可以是　　　　　　　　　　　　（　　　）

  A. 借用他人执照的违法经营者 B. 产品的生产者

  C. 出租柜台者 D. 市场管理者

  E. 营业执照的持有人

4. 消费者在展销会、租赁柜台购买商品或者接受服务，如果展销会已经结束或者柜台租赁期满，其合法权益受到损害的，受害人请求赔偿的对象可以是

                    （　　　）

  A. 销售者 B. 服务者

  C. 出售柜台者 D. 展销会举办者

  E. 生产者

5. 根据我国《消费者权益保护法》的规定，下列属于消费者的有　（　　　）

  A. 某计算机有限公司

  B. 使用张三购买的电火锅的张三的女婿李四

  C. 给职工购买福利用品的工会

  D. 为投资目的而购买商品房的王五

  E. 免费试用某化妆品的刘六

6. 根据我国《消费者权益保护法》的规定，经营者的义务包括　（　　　）

  A. 安全保障的义务

  B. 提供真实信息的义务

  C. 标明真实名称和标记的义务

  D. 尊重消费者人格权的义务

  E. 公平交易的义务

三、简答题

1. 简述我国《消费者权益保护法》规定的消费者权利。

2. 简述我国《消费者权益保护法》规定的经营者的义务。

3. 试论消费者权益保护法的原则。

4. 简述消费者权益损害的赔偿责任主体。

四、论述题

试述消费者协会的职能。

五、案例题

1. 2015 年 8 月 30 日，王某从电器商场购买了一个电水壶，当天他用这个水壶烧水，在水烧开王某准备关掉开关的时候水壶突然发生爆炸，致使王某胳膊部分被严重烫伤，为此王某花去医药费 1 500 元，并为此休病假 1 周。后经鉴定，该水壶系劣质产品。王某遂向工商局投诉。

根据上述材料，回答下列问题：

（1）王某能不能直接向商场索赔？

（2）如果上述要求可以，王某可以要求商场对自己的哪些损失予以赔偿？

2. 张某和李某拟共同设立一个公司，其设立方案为：二人共同出资成立大众商贸有限公司（简称"大众公司"），以批发销售家用小电器为主；因公司规模较小，只设一名执行董事，由李某担任，同时由其兼任公司监事；2008 年 6 月 14 日该公司聘请张某的表弟王某担任公司经理（王某此前担任另外某公司董事长，由于经营不善，导致该公司在 2006 年 10 月被宣告破产，于 2007 年 3 月破产清算完结）。该公司于 2008 年 7 月 1 日登记成立。同年 8 月，大众公司在向消费者马某销售电风扇时，在电风扇质量介绍方面有严重欺诈行为，以致马某购买电风扇后在使用过程中遭受 3 万元的财产损失。

根据上述材料，回答下列问题：

（1）大众公司原设立方案有哪些地方不符合《公司法》的规定？为什么？

（2）本案中，消费者马某依据我国《消费者权益保护法》，要求大众公司增加赔偿使用电风扇时所遭受到的损失，增加赔偿的金额应该如何确定？为什么？

3. 2014 年 8 月 1 日，康先生在 M 商场购买冰箱一台，当日开具了发票，产品保修卡上注明的保修期为 1 年。4 个月后发现该冰箱经常不制冷，便找商场要求退货，商场认为此问题可以通过修理解决，让康先生去找维修站，维修站于当月 16 日将冰箱取走，7 天后修好送回。到了 2015 年 8 月 5 日，该冰箱又出现故障。经修理，仍不能正常使用。康先生又找到商场要求退货。商场以康先生的冰箱已过保修期为由拒绝退货。

根据以上案情，请回答下列问题：

（1）康先生的冰箱是否过了保修期？为什么？

（2）康先生的第二次退货要求是否合法？说明理由。

4. A 公司系生产矿泉水的企业，2015 年 1 月开始，A 公司委托 B 广告公司发布电视广告称生产的矿泉水采自四川峨眉山，具有强身健体功效，但实际上系自来水制造。2015 年 3 月，C 公司在 D 展览馆举办的展销会上使用 E 公司的营业执照销售 A 公司的矿泉水，C 公司明知广告虚假，仍向消费者大肆宣传上述内容。消费者甲受到 C 公司宣传影响，在展销会上购买了一箱 C 公司销售的 A 公司的矿泉水，因矿泉水消毒不充分，当晚喝后即腹泻，治疗用去医疗费 500 元。

根据上述材料，回答下列问题：

（1）C公司的行为是否构成欺诈？

（2）甲支付的500元医疗费是否有权向C公司要求赔偿？

（3）如果展销会结束，C公司去向不明，甲有权向谁要求赔偿？

5. 林先生到全家福超市购买日用品，看了几张VCD，觉得不是很满意，就放下了。在离开超市时，超市的保安人员怀疑林先生拿了VCD而未结账，拦住林先生并强行搜身，并打开林先生的包进行检查，但是并未发现VCD，于是超市的保安人员向林先生道歉并解释说，超市有规定，为了确保超市不丢东西，保安人员必须对有偷窃嫌疑的人员进行搜查，而且在超市的大门口贴有告示。林先生认为超市的行为侵犯了他的人身权，于是向人民法院提起诉讼，要求超市公开道歉，并赔偿精神损失。

根据上述材料，回答下列问题：

（1）超市侵犯了林先生的什么权利？

（2）林先生可否向超市主张赔偿损失？

参考答案

一、单项选择题

1. A 2. B 3. C 4. B 5. C 6. A 7. D 8. D 9. A
10. B 11. D 12. B 13. D 14. B 15. B 16. B 17. A 18. D
19. A 20. C 21. D 22. A 23. D 24. A

二、多项选择题

1. ABCDE 2. ABCD 3. AE 4. ABCD 5. BE 6. ABCDE

三、简答题

1. 答：（1）保障安全权。

（2）知悉真情权。

（3）自主选择权。

（4）公平交易权。

（5）依法求偿权。

（6）依法结社权。

（7）获取知识权。

（8）人格尊严受尊重权与个人信息受保护权。

（9）监督批评权。

（答出任意5项即可）

2. 答：（1）依法定或约定提供商品或者服务的义务；（2）接受消费者监督的义务；（3）安全保障义务；（4）提供真实信息的义务；（5）标明真实名称和标记的义务；（6）出具购货凭证或者服务单据的义务；（7）保证商品或服务质量符合要求的义务；（8）履行7日内退货的义务；（9）公平交易的义务；（10）尊重消费者人格权的义务；（11）缺陷产品召回的义务；（12）重要信息披露义务；（13）格式条款的提示、说明义务；（14）消费者个人信息保护义务。

3. 答：（1）依法交易的原则。

（2）国家对处于弱者地位的消费者给予特别保护的原则。

（3）全社会保护原则。

4. 答：（1）生产者与销售者。

（2）展销会举办者与柜台出租者。

（3）承受原企业权利义务的企业。

（4）营业执照的持有人与使用人。

（5）网络交易平台。

（6）虚假广告的经营者与发布者。

（7）虚假广告产品的代言人。

（答出任意 5 项即可）

四、论述题

答：（1）向消费者提供消费信息和咨询服务，提高消费维护自身合法权益的能力，引导文明、健康、节约资源和保护环境的消费方式。

（2）参与有关行政部门对商品和服务的监督、检查。

（3）就有关消费者合法权益的问题，向有关行政部门反映、查询，提出建议。

（4）受理消费者的投诉，并对投诉事项进行调查、调解。

（5）投诉事项涉及商品和服务质量问题的，可以提请鉴定部门鉴定，鉴定部门应当告知鉴定结论。

（6）就损害消费者合法权益的行为，支持受损害的消费者提起诉讼。

（7）对损害消费者合法权益的行为，通过大众传播媒介予以揭露、批评。

（8）参与制定有关消费者权益的法律、法规、规章和强制性标准。

五、案例题

1. 答：（1）王某可以直接向商场索赔。根据我国《消费者权益保护法》第四十条规定，消费者或者其他受害人因商品缺陷造成人身伤害、财产损害的，可以向销售者索赔，也可以向生产者索赔，因此，王某可以直接向商场索赔。

（2）王某可以要求商场对自己的医疗费、误工费进行赔偿。

2. 答：（1）第一，李某担任董事和监事不合法。根据我国《公司法》的规定，公司董事、高级管理人员不得担任监事。

第二，王某担任公司经理不合法。根据我国《公司法》的规定，担任因经营不善破产清算的公司的董事长、经理，并对破产负有个人责任的，自破产清算完结之日起未逾 3 年的，不得担任公司的董事、监事和经理。所以，王某担任公司经理不合法。

（2）本案中，增加消费者马某的赔偿金额为马某购买电风扇的金额三倍。依据我国《消费者权益保护法》的规定，经营者提供商品或者服务有欺诈行为的，应当按照消费者的要求增加赔偿其受到的损失，增加赔偿的金额为消费者购买商品的价款或接受服务的费用的三倍。

3. 答：（1）未过保修期，按照有关规定，"三包"的有效期自开具发票之日起计算，扣除因修理占用和无零配件待修的时间。因此，康先生的冰箱在扣除第一次修理的 7 天后，并未过保修期。

（2）康先生的要求合法。根据我国《消费者权益保护法》的规定，实行"三包"的产品，在保修期内两次修理仍不能正常使用的，经营者应当负责更换或退货。因此，商场应退货。

4. 答：（1）C 公司的行为构成欺诈，因为 C 公司明知广告虚假，仍故意向消费者提供虚假信息，致使消费者上当受骗。（2）甲支付的 500 元医疗费可以向 C 公司要求赔偿，A 公司作为生产者应当向消费者赔偿。经营者提供商品或服务，造成消费者人身伤害，应当支付医疗费等。（3）甲可以要求 A 公司赔偿。根据我国《消费者权益保护法》的规定，A 公司作为生产者应当向消费者赔偿。甲可以要求 D 展览馆赔偿。根据我国《消费者权益保护法》的规定，展销会结束后可以要求展销会举办者向消费者赔偿。甲可以要求 E 公司赔偿。根据我国《消费者权益保护法》的规定，违法经营者使用他人营业执照提供商品，损害消费者合法权益，消费者可以要求营业执照的持有人赔偿。

5. 答：（1）依据我国《消费者权益保护法》第十四条的规定，消费者在购买和接受服务时，享有其人格尊严、民族风俗习惯得到尊重的权利。第十五条规定，经营者不得对消费者进行侮辱、诽谤，不得搜查消费者的身体及其携带的物品，不得侵犯消费者的人身自由。该超市因怀疑就强行对其搜身，检查其包，侵犯了林先生的人格权。

保安认为超市已经以告示的方式赋予了自己这一权利，但是依据我国《消费者权益保护法》第二十四条的规定，经营者不得以格式合同、通知、声明、店堂告示等方式作出对消费者不公平、不合理的规定，或者减轻、免除其损害消费者合法权益应当承担的民事责任。格式合同、通知、声明、店堂告示等含有前款所列内容的，其内容无效。所以超市尽管以告示的方式赋予保安搜身的权利，但该告示不受法律保护，即超市无权搜查林先生。由此可知，超市侵犯了林先生的获得尊重的权利。

（2）依据我国《消费者权益保护法》第四十三条的规定，经营者违反第二十五条的规定，对消费者进行侮辱、诽谤，搜查消费者的身体及其携带的物品，侵犯消费者的人身自由的，应当停止侵害、恢复名誉、赔礼道歉并赔偿损失。林先生可向超市主张赔偿损失。

第九章　劳动法

一、单项选择题

1. 劳动法最基础的法律制度是　　　　　　　　　　　　　　　　（　　）
   A. 劳动合同制度
   B. 确定劳动标准的法律制度
   C. 规范劳动力市场的法律制度
   D. 社会保险法律制度

2. 下列劳动关系中，适用《劳动合同法》进行调整的是　　　　　（　　）
   A. 国家机关录用公务员
   B. 证券监督管理委员会录用工作人员
   C. 现役军人服军役
   D. 个体工商户招聘工作人员

3. 根据我国《劳动合同法》的规定，用人单位自用工之日起超过 1 个月不满
1 年未与劳动者订立劳动合同的，应当　　　　　　　　　　　　（　　）
   A. 向劳动者每月支付一倍的工资
   B. 向劳动者每月支付一倍的工资，并与劳动者补订书面劳动合同
   C. 向劳动者每月支付两倍的工资
   D. 向劳动者每月支付两倍的工资，并与劳动者补订书面劳动合同

4. 下列关于劳动仲裁与民事诉讼关系的说法中，正确的是　　　　（　　）
   A. 在我国，发生劳动争议的，劳动者可以与用人单位协商，也可以直接向
      人民法院提起诉讼
   B. 劳动争议仲裁是劳动争议诉讼的前提
   C. 大多数劳动争议仲裁是一裁终局，当事人不服裁决的，不得再向人民法
      院提起诉讼
   D. 劳动争议当事人可以不经争议仲裁，直接向人民法院起诉

5. 我国劳动争议仲裁委员会的组成成员不包括　　　　　　　　　（　　）
   A. 劳动行政部门代表　　　　　　　B. 工会代表
   C. 企业方面代表　　　　　　　　　D. 职工代表

6. 下列选项中关于试用期的说法中正确的是 （　　）

　　A. 劳动合同期限 3 个月以上不满 1 年的，试用期不得超过 3 个月

　　B. 劳动合同期限 1 年以上不满 3 年的，试用期不得超过 6 个月

　　C. 以完成一定工作任务为期限的劳动合同，不得约定试用期

　　D. 试用期不包含在劳动合同期限内

7. 关于劳动争议仲裁的方式，下列说法中正确的是 （　　）

　　A. 劳动争议仲裁，一律公开进行

　　B. 劳动争议仲裁，一律不公开进行

　　C. 劳动争议仲裁公开进行，但涉及国家秘密、商业秘密和个人隐私的除外

　　D. 劳动争议仲裁，不公开进行，但当事人申请公开的，可以公开

8. 用人单位实际用工早于书面劳动合同签订时间的，则用人单位与劳动者之间的劳动关系建立于 （　　）

　　A. 自劳动合同签订之日起　　　　B. 自实际用工之日起

　　C. 自用工之日起 1 个月内　　　　D. 自劳动合同备案之日起

9. 关于劳动仲裁的仲裁机构，下列表述不当的是 （　　）

　　A. 劳动争议仲裁委员会按照统筹规划、合理布局和适应实际需要的原则设立

　　B. 劳动争议仲裁委员会须按行政区划层层设立

　　C. 劳动争议仲裁委员会由劳动行政部门代表、工会代表和企业方面代表组成

　　D. 劳动争议仲裁委员会组成人员应当是单数

10. 下列事项所形成的法律关系由《劳动合同法》调整的是 （　　）

　　A. 某国家机关招聘公务员

　　B. 杨某因怀孕被公司辞退

　　C. 李某每月向其雇佣的保姆支付 2 000 元工资

　　D. 丙公司为其职工购房向银行提供担保

11. 用人单位自用工之日起满 1 年不与劳动者订立书面劳动合同的，视为用人单位与劳动者之间 （　　）

　　A. 不存在劳动关系

　　B. 默认存在劳动关系，不必订立劳动合同

　　C. 已订立固定期限劳动合同

　　D. 已订立无固定期限劳动合同

12. 甲企业的新员工张某在试用期内拟与甲企业解除劳动合同。下列表述中正确的是 （　　）

　　A. 张某在试用期内可随时解除劳动合同

　　B. 张某应提前 3 日通知甲企业解除劳动合同

C. 张某应提前 30 日通知甲企业解除劳动合同

D. 张某应与甲企业协商一致方可解除劳动合同

13. 对下列劳动争议的仲裁裁决不服，用人单位可以向人民法院起诉的是（   ）

A. 追索劳动报酬，不超过当地月最低工资标准 12 个月金额的争议

B. 追索工伤医疗费，不超过当地月最低工资标准 12 个月金额的争议

C. 追索经济补偿或者赔偿金，超过当地月最低工资标准 24 个月金额的争议

D. 因执行国家劳动标准在工作时间、休息休假、社会保险等方面发生的争议

14. 劳动法的调整对象是（   ）

A. 劳动关系　　　　　　B. 保护劳动关系

C. 劳动法关系　　　　　D. 劳动法律关系

15. 劳动合同约定的，3 年以上固定期限和无固定期限的劳动合同，试用期不得超过（   ）

A. 3 个月　　　　　　　B. 6 个月

C. 9 个月　　　　　　　D. 12 个月

16. 劳动者提前多少日以书面形式通知用人单位，可以解除劳动合同？（   ）

A. 10 日　　　　　　　B. 20 日

C. 30 日　　　　　　　D. 50 日

17. 用人单位自用工之日起超过 1 个月不满 1 年未与劳动者订立书面合同的，依照规定应当向劳动者每月支付几倍的工资？（   ）

A. 1 倍　　　　　　　B. 2 倍

C. 3 倍　　　　　　　D. 5 倍

18. 订立无固定期限劳动合同的条件之一是劳动者在该用人单位连续工作满（   ）

A. 5 年　　　　　　　B. 10 年

C. 15 年　　　　　　　D. 20 年

19. 预告辞职是劳动者在提前多少日以书面形式通知用人单位，方可解除劳动合同？（   ）

A. 10 日　　　　　　　B. 30 日

C. 50 日　　　　　　　D. 60 日

20. 按照我国《劳动法》的规定，支付加班费的具体标准是在标准工作日内安排劳动者延长工作时间的，支付的工资报酬不低于工资的（   ）

A. 150%　　　　　　　B. 200%

C. 250%　　　　　　　D. 300%

21. 用人单位对已经解除或者终止的劳动合同的文本，至少保存 （ ）
    A. 半年   B. 1 年
    C. 2 年   D. 5 年

22. 非全日制用工劳动报酬结算支付周期最长不得超过 （ ）
    A. 10 日   B. 15 日
    C. 20 日   D. 30 日

23. 当事人对劳动仲裁裁决不服时，可以自收到仲裁裁决书之日起多少日内向人民法院起诉？ （ ）
    A. 10 日   B. 15 日
    C. 20 日   D. 30 日

24. 劳动争议申请仲裁的时效期间为 （ ）
    A. 半年   B. 1 年
    C. 2 年   D. 3 年

25. 仲裁庭裁决劳动争议，应当自劳动争议仲裁委员会受理，申请之日起多少日内结束？ （ ）
    A. 15 日   B. 30 日
    C. 45 日   D. 60 日

26. 为保障劳动者的合法权益，用人单位未在用工之后一定期间与劳动者订立书面劳动合同的，用人单位应当向劳动者每月支付两倍的工资，该期间为自用工之日起 （ ）
    A. 1 个月   B. 2 个月
    C. 3 个月   D. 6 个月

27. 按照我国《劳动法》的规定，用人单位法定休假日安排劳动者工作的，应支付不低于工资的多少？ （ ）
    A. 150%   B. 200%
    C. 250%   D. 300%

28. 按照我国《劳动法》的规定，下列不属于劳动合同必备条款的是 （ ）
    A. 劳动报酬   B. 劳动期限
    C. 工作时间   D. 试用期

29. 经营劳务派遣业务应当具备的条件之一是，注册资本不少于人民币（ ）
    A. 50 万元   B. 100 万元
    C. 200 万元   D. 500 万元

30. 关于集体合同的表述，下列说法错误的是 （ ）
    A. 必须是书面协议   B. 订立后即生效
    C. 效力具有扩张性   D. 可由工会代表职工订立

二、多项选择题

1. 下列情形下，用人单位不得采用预告解雇经济性裁员方式解除与劳动者的劳动合同的有 （　　　）
   A. 劳动者在试用期内
   B. 劳动者患病或者非因工负伤，在规定的医疗期内
   C. 在本单位连续工作满 10 年，且距法定退休年龄不足 3 年的
   D. 劳动者患职业病或者因工负伤并被确认丧失或者部分丧失劳动能力
   E. 劳动者依法被追究刑事责任的

2. 用人单位不得解除劳动合同的情形包括 （　　　）
   A. 劳动者患职业病
   B. 女职工在哺乳期的
   C. 劳动者患慢性病长期卧床不起的
   D. 女职工在孕期的
   E. 劳动者家庭收入在贫困线以下的

3. 在下列情形下，劳动合同即行终止的有 （　　　）
   A. 章某与公司签订的劳动合同已到期
   B. 某公司的小李被宣告失踪
   C. 曾某现已达到退休年龄
   D. 汪某因患病，在医疗期内
   E. 梁某在怀孕期内

4. 根据我国《劳动法》的规定，下列各项中属于劳动合同必备条款的是 （　　　）
   A. 劳动报酬　　　　　　　　B. 劳动合同期限
   C. 试用期　　　　　　　　　D. 知识产权归属
   E. 保密条款

5. 下列属于劳动合同的任意条款的有 （　　　）
   A. 试用期　　　　　　　　　B. 保守秘密
   C. 服务期　　　　　　　　　D. 竞业限制
   E. 违约金

6. 构成劳动法的主要制度包括 （　　　）
   A. 调整劳动关系的法律制度
   B. 确定劳动标准的法律制度
   C. 规范劳动力市场的法律制度
   D. 社会保险的法律制度

E. 劳动权利保障与救济的法律制度

7. 根据我国《劳动合同法》的规定，企业进行经济性裁员时，应当优先留用的人有　　　　　　　　　　　　　　　　　　　　　　　（　　　　）

A. 与本单位签订无固定期限劳动合同的

B. 家庭无其他就业人员，并有需要扶养的老人的

C. 与本单位订立较长期的固定期限劳动合同的

D. 本单位中层以上管理人员

E. 本单位先进工作者

三、简答题

1. 简述我国《劳动法》的基本原则。

2. 简述劳动者有权即时单方解除合同的情形。

3. 简述劳动合同的必备条款。

4. 简述劳动合同无效的情形。

四、论述题

1. 论劳务派遣中的法律关系。

2. 试述派遣单位和用工单位对被派遣劳动者的法定义务。

五、案例题

1. 贾某在一机械厂工作，双方签订劳动合同后，又达成口头协议：如发生工伤，责任自负。厂房年久失修，在工作期间倒塌，贾某被砸伤，住院治疗两个月，花去医疗费、护理费等共计 10 000 多元。工厂只发给当月工资。贾某要求工厂负担医疗费、护理费等费用，厂方则提出按照口头协议，贾某应自己承担这些费用。

根据上述材料，回答下列问题：

（1）双方达成的"责任自负"协议是否有效，为什么？

（2）贾某的医疗费、护理费应由谁负担？

2. 汪某与某公司签订了为期 5 年的劳动合同，自 2008 年 2 月 1 日起至 2013 年 1 月 31 日止，双方约定试用期为 6 个月。2008 年 6 月 20 日汪某向公司提出辞职，并向公司索要经济补偿金。公司认为汪某没有提出解除合同的正当理由，也未与公司协商，因而既不同意解除合同，也不负担经济补偿金。

根据上述材料，回答下列问题：

（1）汪某是否可单方解除劳动合同？为什么？

（2）公司应否给予汪某经济补偿金？说明理由。

3. 2006 年 3 月，某外商独资企业高薪聘请了一位博士生刘某担任软件开发部技术总监。双方在签订劳动合同时约定，刘某月工资为 15 000 元，但企业不负责缴纳养老、医疗、工伤等社会保险费用。2006 年 5 月 24 日，刘某外出与其他企业洽谈业务，不慎被摩托车撞伤，肇事者逃逸。刘某受伤花费医疗费 6 万余元。刘某认为，自己是因为工作原因受伤，要求企业向劳动保障行政部门申请工伤认定。但企业认为，双方已就社会保险事项达成协议，企业支付刘某高额工资，即是要刘某自行购买商业保险化解风险。刘某本人对此已经同意，无权反悔。刘某受伤费用应由自己承担。企业拒绝向劳动保障信访行政部门提出工伤认定申请。刘某无奈，只好请教律师如何维护自己的权益。

假设你是刘某的律师，请回答以下问题：

（1）企业与刘某约定不缴纳社会保险的条款有无法律效力？

（2）企业不向劳动保障行政部门申请工伤认定，刘某能否直接向劳动保障行政部门申请工伤认定？

（3）如果刘某被认定为工伤，那他可以通过什么法律途径维护自己的权益？

4. 某制药厂与王某于 2014 年 10 月 15 日签订了为期 10 年的劳动合同。同时，该厂选派王某去国外学习一项制药新技术，花费人民币 10 万元。劳动合同约定，在合同期内，王某与不得离开本企业，如违约造成企业经济损失时，应负全部赔偿责任。2015 年 11 月 10 日，某合资企业以高薪聘请王某并签订了 2 年的劳动合同。王某擅自离开制药厂后，由于其他人员尚未掌握这种新技术，因此产品质量下降，在半年时间内造成大量产品积压，损失达 300 余万元。为此，某制药厂向当地劳动争议仲裁委员会提出申请，要求王某与合资企业赔偿全部经济损失，并要求王某回厂履行合同。

问：某制药厂的要求是否合理，依据是什么？

5. 世纪公司以正常工作安排为由，拒绝支付员工加班费。员工不服，遂向当地劳动争议仲裁委员会申请仲裁。该委员会收到申请 7 日内决定受理，并于 3 个月后作出裁决，裁定世纪公司依法支付员工的加班工资及经济补偿金，裁决书于裁决当日送交双方当事人。

根据上述材料，回答下列问题：

（1）该争议的性质是什么？该争议的解决方式是什么？

（2）仲裁委员会在处理过程中是否有错误？为什么？

参考答案

一、单项选择题

1. A   2. D   3. D   4. B   5. D   6. C   7. C   8. B   9. B

10. B   11. D   12. B   13. C   14. A   15. B   16. C   17. B   18. B

19. B   20. A   21. C   22. B   23. B   24. B   25. C   26. A   27. D

28. D   29. C   30. B

二、多项选择题

1. BD　　2. ABD　　3. ABC　　4. AB　　5. ACDE　　6. ABCDE

7. ABC

三、简答题

1. 答：（1）保障劳动者合法权益的原则。

（2）政府、工会、企业三方协调劳动关系原则。

（3）促进就业的原则。

（4）维护劳动生产秩序的原则。

（5）男女平等、民族平等原则。

2. 答：用人单位有下列情形之一的，劳动者可以解除劳动合同：

（1）未按照劳动合同约定提供劳动保护或者劳动条件的。

（2）未及时足额支付劳动报酬的。

（3）未依法为劳动者缴纳社会保险费的。

（4）用人单位的规章制度违反法律、法规的规定，损害劳动者权益的。

（5）因《中华人民共和国劳动合同法》第二十六条第一款规定的情形致使劳动合同无效的。

（6）用人单位以暴力、威胁或者非法限制人身自由的手段强迫劳动者劳动的，或者用人单位违章指挥、强令冒险作业危及劳动者人身安全的，劳动者可以立即解除劳动合同，不需事先告知用人单位。

（7）法律、行政法规规定劳动者可以解除劳动合同的其他情形。

（答出任意5项即可）

3. 答：（1）用人单位的名称、住所和法定代表人或主要负责人。

（2）劳动者的姓名、住址和居民身份证或者其他有效身份证件号码。

（3）劳动合同期限。

（4）工作内容和工作地点。

（5）工作时间和休息休假。

（6）劳动报酬。

（7）社会保险。

（8）劳动保护、劳动条件和职业危害防护。

（9）法律、法规规定应当纳入劳动合同的其他事项。

4. 答：（1）以欺诈、胁迫的手段或者乘人之危，使对方在违背真实意思的情况下订立或者变更劳动合同的。（2）用人单位免除自己的法定责任、排除劳动者权利的。（3）违反法律、行政法规强制性规定的。

四、论述题

1. 答：（1）劳务派遣单位与被派遣劳动者之间的劳动关系。在劳务派遣中，派遣单位与被派遣劳动者之间签订劳动合同，建立劳动关系，应当履行《中华人民共和国劳动合同法》规定的用人单位对劳动者的义务。

（2）派遣单位与用工单位之间的民事合同关系。派遣单位应当与用工单位订立劳务派遣协议。劳务派遣协议应当约定派遣岗位和人员数量、派遣期限、劳动报酬和社会保险费的数额与支付方式以及违反协议的责任。用工单位应当根据工作岗位的实际需要与劳务派遣单位确定派遣期限，不得将连续用工期限分割订立成数个短期劳务派遣协议。

（3）劳动者与用工单位之间的特殊权利义务关系。劳动者与用工单位之间既没有劳动合同，因而没有建立《中华人民共和国劳动合同法》意义上的劳动关系，也没有民事合同。但用工单位仍然要对被派遣劳动者履行法律规定的义务和派遣协议约定的义务。不过，由于用工单位与被派遣劳动者之间没有劳动合同，因此有劳动者严重违反用工单位规章制度等情形的，用工单位只能将被派遣劳动者退回派遣单位，由派遣单位解除与被派遣劳动者之间的劳动合同。

2. 答：（1）派遣单位和用工单位的共同义务；（2）派遣单位的特殊义务；（3）用工单位的特殊义务。

五、案例题

1. 答：（1）该协议无效。根据《中华人民共和国劳动合同法》第二十六条的规定，用人单位免除自己的法定责任、排除劳动者权利的，劳动合同无效或者部分无效。厂方和贾某关于"如发生工伤，责任自负"的协议因排除劳动者合法权利而无效。

（2）厂方应为贾某负担医疗费、护理费等全部费用。

2. 答：（1）汪某可以单方解除劳动合同。根据《中华人民共和国劳动合同法》的规定，劳动者在试用期内，提前3天通知用人单位，可以解除劳动合同。

（2）公司不应给予汪某经济补偿金。因为汪某主动辞职，而且公司也不存在违法情形。

3. 答：（1）没有法律效力。刘某与该外资企业成立了劳动关系，根据《中华人民共和国劳动法》第七十二条规定，用人单位和劳动者必须依法参加社会保险，缴纳社会保险费。企业与刘某的约定违反了劳动法的强制性规定，因此无效。

（2）可以。根据《中华人民共和国工伤保险条例》的规定，用人单位未按规定提出工伤认定申请的，工伤职工或者其直系亲属、工会组织在事故发生之日起1年内，可以直接向企业所在地统筹地区的劳动保障行政部门提出工伤认定申请。因此，刘某可以直接向劳动保障行政部门提出申请。

（3）刘某可以依据劳动保障行政部门的工伤认定书到劳动争议仲裁委员会申诉，请求用人单位按照工伤保险待遇标准予以赔偿。

4. 答：合理。依据是：①《中华人民共和国劳动法》第九十九条规定，用人单位招用尚未解除劳动关系的劳动者，对原用人单位造成经济损失的，该用人单位依法承担连带赔偿责任。②《中华人民共和国劳动法》第一百零二条规定，劳动者违反本法规定的条件解除劳动合同或者违反劳动合同约定的保密事项，对用人单位造成经济损失的，应当依法承担连带赔偿责任。

5. 答：（1）该争议的性质属于劳动争议。根据《中华人民共和国劳动合同法》的规定，发生劳动争议时，劳动者可以与用人单位协商。协商不成时，当事人可以向调解组织申请调解。调解仍不成立时，可以向劳动争议仲裁委员会申请仲裁。对仲裁裁决不服的，当事人可以向法院起诉。该争议的解决方式即为劳动仲裁。

（2）有错误。根据相关法律法规的规定，劳动仲裁委员会收到仲裁申请之日起 5 日内，作出受理与否的决定。而在本案中该委员会收到申请书 7 日内才作出决定，故错误。仲裁庭处理劳动争议，应当自劳动争议仲裁委员会受理仲裁申请之日起 45 日内结束，而本案却在 3 个月后作出裁决，故错误。

第十章 自然资源法与环境保护法

一、单项选择题

1. 《中华人民共和国土地管理法》对农用地转用审批实行 （   ）

    A. 国务院和省级人民政府两级审批制度

    B. 国务院审批制度

    C. 省级人民政府审批制度

    D. 国务院、省级人民政府和县（区）级人民政府三级审批制度

2. 在我国，矿产资源的所有权属于 （   ）

    A. 个人 B. 企业

    C. 集体 D. 国家

3. 国家对矿产资源勘查实行 （   ）

    A. 分别登记的制度 B. 统一登记的制度

    C. 分类登记的制度 D. 批准登记的制度

4. 我国环境污染损害赔偿的归责原则是 （   ）

    A. 过错责任 B. 过错推定责任

    C. 严格责任原则 D. 无过错责任

5. 因环境污染损害赔偿提起诉讼的时效期间为 （   ）

    A. 2年，从当事人知道或者应当知道受到污染损害时起计算

    B. 2年，从环境污染损害发生时计算

    C. 3年，从当事人知道或者应当知道受到污染损害时起计算

    D. 3年，从环境污染损害发生时计算

6. 下列选项中，专属于国家所有的自然资源是 （   ）

    A. 森林、草原 B. 矿藏、森林

    C. 矿藏、水流 D. 荒地、滩涂

7. 根据我国《水法》的规定，对城市中直接从地下取水的单位 （   ）

    A. 征收水资源费和水资源税

    B. 不征收水资源费，也不征水资源税

    C. 征收水资源费

    D. 征收水资源税

8. 下列选项中，不属于我国的耕地保护制度的是　　　　　　　　（　　）

    A. 占用耕地补偿制度　　　　　　　B. 土地利用总体规划制度

    C. 基本田保护制度　　　　　　　　D. 土地开发、整理和复垦制度

9. 我国环境影响评价的对象是　　　　　　　　　　　　　　　（　　）

    A. 污染源　　　　　　　　　　　　B. 规划和建设项目

    C. 废物　　　　　　　　　　　　　D. 污染物

10. 土地利用总体规划的编制原则不包括　　　　　　　　　　　（　　）

    A. 严格保护基本农田

    B. 提高土地利用率

    C. 以经济建设为中心

    D. 占用耕地与开发复垦耕地相平衡

11. 承担环境民事责任的要件不包括　　　　　　　　　　　　　（　　）

    A. 行为人主观上有过错

    B. 具有污染损害事实

    C. 具有污染损害的行为

    D. 污染行为与损害事实之间具有因果关系

12. 按照《中华人民共和国土地管理法》和《中华人民共和国基本农田保护条例》的规定，非农业建设经批准占用耕地的，应遵循的原则是　　　（　　）

    A. 占多少，垦多少　　　　　　　　B. 谁占用，谁开垦

    C. 谁开垦，谁受益　　　　　　　　D. 谁受益，谁付费

13. 我国在计划用水和节约用水方面的制度不包括　　　　　　　（　　）

    A. 计划用水制度　　　　　　　　　B. 取水许可制度

    C. 采水征税制度　　　　　　　　　D. 用水收费制度

14. 依照我国《水法》的规定，我国的水资源所有权属于　　　　（　　）

    A. 国家所有

    B. 个人所有

    C. 水资源所在地县级人民政府所有

    D. 水资源所在地的村集体所有

15. 下列资源只能属于国家所有的是　　　　　　　　　　　　　（　　）

    A. 土地　　　　　　　　　　　　　B. 草原

    C. 森林　　　　　　　　　　　　　D. 野生动物

16. 不需取得采伐许可证即可进行林木采伐的情形是　　　　　　（　　）

    A. 农村居民采伐自留地的林木

    B. 采伐名胜古迹中的林木

    C. 对防护林进行抚育性质的采伐

D. 对环护林进行更新性质的采伐

17. 下列关于矿产资源的说法中，正确的是 （　　）

    A. 任何矿产资源一律属于国家所有

    B. 关系国计民生的矿产资源属于国家所有，一般矿产资源属于集体所有

    C. 除依法由集体所有的以外，矿产资源一律属于国家所有

    D. 个人不能成为开采国有矿产资源的主体

18. 下列属于不可再生资源的是 （　　）

    A. 水   B. 太阳能

    C. 铁   D. 潮汐

19. 因环境污染损害赔偿提起诉讼的时效期间为几年，从当事人知道或者应当知道受到污染损害时起计算？ （　　）

    A. 1 年   B. 2 年

    C. 3 年   D. 5 年

20. 下列可纳入环境保护范围的环境要素是 （　　）

    A. 人工培育的稻种   B. 人文遗迹

    C. 动物园里的老虎   D. 月亮

21. 在下列各种自然资源中，专属于国家所有的是 （　　）

    A. 土地   B. 森林

    C. 矿产资源   D. 草原

22. 征收基本农田以外的耕地超过多少应当由国务院批准？ （　　）

    A. 30 公顷   B. 35 公顷

    C. 40 公顷   D. 70 公顷

23. 对于特种用途林的名胜古迹、革命纪念地的森林，自然保护区的森林 （　　）

    A. 可以择伐   B. 抚育采伐

    C. 更新采伐   D. 严禁采伐

24. 下列自然资源中不得由集体所有的是 （　　）

    A. 水流   B. 土地

    C. 草原   D. 滩涂

25. 下列关于矿产资源的说法中，正确的是 （　　）

    A. 任何矿产资源一律属于国家所有

    B. 矿产资源所有权由各地方政府行使

    C. 探矿权、采矿权以有偿取得为主，无偿取得为辅

    D. 矿产资源可属于集体所有

二、多项选择题

1. 从实施管理的范围的角度，自然资源许可证可分为　　　　　（　　　　）

    A. 资源开发许可证　　　　　　　　　B. 资源管理许可证

    C. 资源利用许可证　　　　　　　　　D. 资源交易进出口许可证

    E. 资源回收许可证

2. 我国环境保护的主要制度包括　　　　　　　　　　　　　　（　　　　）

    A. 环境影响评价制度　　　　　　　　B. 环境规划制度

    C. 总量调控制度　　　　　　　　　　D. 环境保护目标责任制度

    E. 环境标准制度

3. 自然资源法的基本原则包括　　　　　　　　　　　　　　　（　　　　）

    A. 重要自然资源公有　　　　　　　　B. 综合利用和多目标开发

    C. 统一规划和因时因地制宜　　　　　D. 损害担责

    E. 坚持开源与节流相结合

4. 下列属于恒定资源的有　　　　　　　　　　　　　　　　　（　　　　）

    A. 水　　　　　　　　　　　　　　　B. 太阳能

    C. 风力　　　　　　　　　　　　　　D. 潮汐

    E. 植物

5. 下列属于我国自然资源法律的有　　　　　　　　　　　　　（　　　　）

    A.《水资源法》　　　　　　　　　　B.《森林资源法》

    C.《草原资源法》　　　　　　　　　D.《矿产资源法》

    E.《野生动物资源法》

6. 属于我国有关自然资源保护立法的有　　　　　　　　　　　（　　　　）

    A. 矿藏　　　　　　　　　　　　　　B. 水流

    C. 草原　　　　　　　　　　　　　　D. 荒地

    E. 森林

7. 承担环境民事责任应具备的条件有　　　　　　　　　　　　（　　　　）

    A. 具有污染环境的行为

    B. 具有污染损害的事实

    C. 污染行为与损害事实之间有因果关系

    D. 行为人主观上有过错

    E. 不存在不可抗力

8. 我国水资源税的征收范围和对象包括　　　　　　　　　　　（　　　　）

    A. 直接从江河取用水资源的单位和个人

    B. 直接从湖泊取用水资源的单位和个人

    C. 直接从地下取用水资源的单位和个人

    D. 家庭生活少量取水

    E. 零星散养、圈养畜禽饮用等少量取水

9. 林权是权利人对一定森林或林地、林木所享有的哪些权利的总称？

                                                                （   ）

    A. 收益权   B. 处分权

    C. 所有权   D. 使用权

    E. 经营权

10. 下列资源属于国家所有的是   （   ）

    A. 矿产   B. 水流

    C. 海域   D. 草原

    E. 城市土地

11. 自然资源所有权是指所有权人依法享有的权利，包括   （   ）

    A. 占有   B. 使用

    C. 收益   D. 处分

    E. 抵押

12. 征收集体所有的土地，应当依法支付   （   ）

    A. 土地补偿费   B. 安置补助费

    C. 地上附着物补偿费   D. 青苗补偿费

    E. 耕地开垦费

三、简答题

1. 简述我国《自然资源法》的基本原则。

2. 简述我国《环境保护法》的基本原则。

3. 简述《自然资源法》的基本制度。

4. 简述我国《森林法》中关于森林采伐管理的规定。

5. 简述《土地管理法》的主要内容。

四、案例题

1. 2005 年 1 月 18 日，国家环境保护总局在京宣布：责令立即停建包括金沙江溪洛渡水电站在内的 13 个省市的 30 个大型国有企业违法开工项目，并处以最高 20 万元的罚款。这 30 个项目的总投资达 1 179.4 亿元，它们都是在环境影响评价文件未获批准的情况下就由政府有关经济行政主管部门违反审批程序批准后开始建设的，有些工程已基本完成，属于典型的未批先建的违法工程。在国家环保总局的决定作出后不到一周的时间内，有 22 个项目按规定停建，但仍有 8 个项目没有执行停建的决定。2005 年 1 月 24 日，国家环保总局对 8 个拒不执行停建决定的企业发出了"行政处罚事先告知书"和"限期改正通知书"。同时表示，如果被处罚单位拒不执行处罚决定，国家环保总局将提请司法机关予以强制执行。此后，30 个违法项目全部暂时停建并补办环境影响评价手续。在补办环境影响评价手续之后，绝大多数被停建的建设项目又恢复施工建设。

问：（1）在我国已经颁布实施《环境影响评价法》《建设项目环境保护管理条例》等法律法规的情况下，仍然发生这种重大建设项目违法建设的行为，反映了我国环境法实施中存在着哪些问题？

（2）对于投资数十、数百亿元的违法建设项目，罚款最高不超过 20 万元的处罚规定是否合理，为什么？

（3）让未进行环境影响评价已经开工建设的建设项目补办环境影响评价手续，然后再恢复施工建设，能否真正起到预防环境污染、破坏的作用，为什么？

2. 农民郭某在自己承包的土地上挖了一个养鱼池进行甲鱼养殖。某食品有限公司的废水排放渠距离养鱼池只有 50 米远。郭某听说食品有限公司排放的废水中有很多营养物质，于是萌发了引废水养甲鱼的想法。一天夜里，郭某偷偷扒开食品有限公司的排污渠将废水引入自己的养鱼池，第二天郭某养的甲鱼开始死亡，五天内全部死光。经评估，直接经济损失 5 万元。郭某认为损害是由食品有限公司废水污染所致，于是依据我国《水污染防治法》关于"造成水污染危害的单位，有责任排除危害，并对直接受到损失的单位或者个人赔偿损失"的规定向人民法院提起损害赔偿的诉讼，人民法院以该案属于环境污染案件，尚未请求环保部门处理为由，裁定不予受理。

问：（1）人民法院的裁定是否合法，为什么？

（2）食品有限公司是否应当承担赔偿责任，为什么？

3. 2012 年 4 月 15 日，经国土资源部门批准，金山矿业集团开始在长江村后山开采煤矿。开采过程中，金山矿业集团擅自扩大开采范围、违反开采规程造成地面塌陷，导致村民舒某的房屋出现严重裂痕，无法居住。

金山矿业集团将开采出来的煤矿石堆放在矿山某处较为平缓的斜坡上，但未采取任何安全措施。2012 年 7 月 22 日，长江村遭遇 40 年一遇的特大暴雨，堆放在矿山斜坡上的部分煤矿石被雨水冲到村民严某的农田里，经雨水浸泡后生成的污染物质导致农田中的庄稼全部死亡。

舒某、严某与金山矿业集团交涉损害赔偿事宜未果，遂分别向人民法院提起诉讼。

根据上述材料，回答下列问题：

（1）金山矿业集团给舒某的房屋以及严某的庄稼造成的损害行为，是否构成环境侵权？

（2）在法庭审理过程中，金山矿业集团辩称：严某农田中庄稼的死亡是由不可抗力导致的，无需承担损害赔偿责任。这种抗辩是否成立，为什么？

参考答案

一、单项选择题

1. A 2. D 3. B 4. D 5. C 6. C 7. C 8. B 9. B
10. C 11. A 12. A 13. C 14. A 15. D 16. A 17. A 18. C
19. C 20. B 21. C 22. B 23. D 24. A 25. A

二、多项选择题

1. ACD 2. ACDE 3. ABCE 4. BCD 5. ABCDE 6. ABCE
7. ABC 8. ABC 9. CDE 10. ABCE 11. ABCD 12. ABCD

三、简答题

1. 答：（1）重要自然资源公有原则，如矿藏、水流、海域等归国家所有；
（2）综合利用和多目标开发的原则；
（3）统一规划和因地制宜的原则；
（4）经济效益、生态效益和社会效益相统一的原则；
（5）坚持开源与节流相结合的原则。

2. 答：（1）保护优先原则；（2）预防为主原则；（3）综合治理原则；
（4）公众参与原则；（5）损害承担原则。

3. 答：（1）自然资源权属制度。自然资源权属制度包括自然资源所有权和自然资源使用权两个层次的权利形态。
（2）自然资源流转制度。自然资源流转制度是指开发利用自然资源的权利通过市场机制的作用而流动和转让的制度。
（3）自然资源行政管理制度。这主要包括自然资源规划制度、自然资源调查制度、自然资源许可制度和自然资源有偿使用制度。

4. 答：（1）实行森林采伐限额。（2）年度木材生产计划。（3）森林、林木的采伐方式分为择伐、皆伐和渐伐方式。防护林和特种用途林中的国防林、母树林、环境保护林、风景林，只准进行抚育和更新性质的采伐。特种用途林中的名胜古迹和革命纪念地的林木、自然保护区的森林严禁采伐。（4）林木采伐许可证制度。

5. 答：（1）土地所有权与土地使用权。
（2）土地利用总体规划。
（3）耕地保护制度
（4）建设用地法律制度。

四、案例题

1. 答：（1）本案主要反映了我国环境法实施中存在着下列问题：第一，国家环保部门在行政执法上缺乏必要的权威性；第二，政府有关经济行政主管部门没有遵守法律法规规定的审批程序；第三，企业守法意识淡漠；第四，我国目前还缺乏必要的社会监督机制。

（2）对于投资几百亿元的违法建设项目，我国环境法律有关罚款最高不超过20万元的规定是不合理的。对于企业几百亿元的投资项目而言，履行法律规定的环境影响评价义务的成本要远远大于20万元罚款的数额。由于守法成本高于违法成本，企业宁可违法受到处罚，也不愿意履行法律规定的环境影响评价义务。

（3）确立环境影响评价制度的目的，是事前预防建设项目实施后可能存在的不良环境影响。如果让未进行环境影响评价的建设项目开工建设，事后再令其补办环境影响评价手续，就违背了确立环境影响评价制度的宗旨，也不可能从根本上起到预防环境污染、破坏的作用。

2. 答：（1）人民法院的裁定不合法。依照我国《水污染防治法》的规定，赔偿责任和赔偿金额的纠纷，可以根据当事人的请求，由环境保护部门或者交通部门的航政机关处理；当事人对处理决定不服的，可以向人民法院起诉。当事人也可以直接向人民法院起诉。

（2）食品有限公司不应当承担赔偿责任。因为污染损害是由于郭某自己扒开食品有限公司的排污渠将废水引入养鱼池造成的。而我国《水污染防治法》规定，水污染损失由受害者自身的责任所引起的，排污单位不承担责任。

3. 答：（1）金山矿业集团给舒某的房屋以及严某的庄稼造成的损害行为，构成环境侵权。金山矿业集团给舒某的房屋造成的损害行为，构成生态破坏侵权，适用过错责任原则。金山矿业集团给严某的庄稼造成的损害行为，构成环境污染侵权，适用无过错责任原则。

（2）金山矿业集团的抗辩不成立，环境污染侵权的免责事由包括不可抗力于受害人的过错。我国《环境保护法》第四十一条规定，完全由不可抗力导致的自然灾害，并经及时采取合理措施，仍然不能避免造成环境污染的，免予承担责任。在本案中，金山矿业集团将开采出来的煤矿石堆放在矿山某处较为平缓的斜坡上，但未采取任何安全措施，并且在下雨时也未采取补救措施，从而导致严某农田中的庄稼全部死亡，因此金山矿业集团的抗辩不成立。

第二篇
综合模拟试题

全国高等教育自学考试
经济法概论（财经类）模拟试卷（一）

（考试时间 150 分钟）

题号	一	二	三	四	五	总分
题分	20	10	30	20	20	
得分						

第 I 部分　选择题（30 分）

得分	评卷人	复查人

一、单项选择题（本大题共 20 小题，每小题 1 分，共 20 分）在每小题列出的四个备选项中只有一个是符合题目要求的，请将其代码填写在题后的括号内。错选、多选或未选均无分。

1. 下列情形中，应当召开股份有限公司临时股东大会的是　　　（　　）
   A. 董事人数不足公司章程规定人数 2/3 时
   B. 1/3 董事提议召开时
   C. 合计持有公司 5% 股份的股东请求时
   D. 董事长提议召开时

2. 根据我国《公司法》的规定，国有独资公司不设　　　（　　）
   A. 经理 　　　　　　　　　　　B. 董事会
   C. 监事会 　　　　　　　　　　D. 股东会

3. 关于普通合伙企业利润分配的规则，下列表述错误的是　　　（　　）
   A. 合伙协议有约定的，按照约定处理
   B. 合伙协议没有约定的，由合伙人协商确定
   C. 合伙协议没有约定且合伙人协商不成的，按合伙人实际出资比例分配
   D. 可将全部利润分配给部分合伙人

4. 我国《合同法》不适用于 （　　）

    A. 赠与合同   B. 劳动合同

    C. 承揽合同   D. 保管合同

5. 下列合同属于无偿合同的是 （　　）

    A. 买卖合同   B. 租赁合同

    C. 赠与合同   D. 运输合同

6. 下列关于合同解除制度的表述，正确的是 （　　）

    A. 合同解除后，尚未履行的，终止履行

    B. 合同解除后，合同中的结算条款无效

    C. 合同解除后，已经履行的不必恢复原状

    D. 合同解除后，当事人的权利义务关系自始消灭

7. 甲研究所于 2015 年 5 月完成"防盗门自控报警"的发明创造，于 2015 年 10 月提出专利申请，乙公司于 2015 年 8 月就相同的技术方案申请了发明专利，该发明创造的专利权 （　　）

    A. 应当授予甲   B. 应当授予乙

    C. 甲乙共有   D. 甲乙均不能享有

8. 根据我国《专利法》的规定，外观设计专利的保护期为 （　　）

    A. 10 年   B. 15 年

    C. 20 年   D. 25 年

9. 我国《商标法》规定的展览优先权期限是 （　　）

    A. 3 个月   B. 6 个月

    C. 9 个月   D. 12 个月

10. 商标专用权的取得时间是 （　　）

    A. 商标注册申请之日   B. 实质审查完成之日

    C. 初步审定之日   D. 核准注册之日

11. 垄断的显著特征包括 （　　）

    A. 垄断性和排斥性   B. 区域性与联合性

    C. 违法性与危害性   D. 对内性和对外性

12. 李某为甲公司的高级工程师，携带甲公司的商业秘密文件与朋友曾某聚会，不慎将该文件丢在曾某处。之后，曾某自称拥有该商业秘密的所有权，并将该商业秘密以合理的价格卖给不知情的乙公司。以下判断正确的是 （　　）

    A. 李某的行为不侵犯甲公司的商业秘密

    B. 曾某的行为不侵犯甲公司的商业秘密

    C. 乙公司的行为不侵犯甲公司的商业秘密

    D. 甲公司管理不善，只能自行承担相关后果

13. 销售者的产品质量义务不包括 （ ）

    A. 进货检查验收   B. 保持产品质量

    C. 对产品质量进行社会监督   D. 不得伪造产地

14. 下列关于产品缺陷与产品瑕疵的表述，不正确的是 （ ）

    A. 消费者购买的电视机表面有个别剐蹭属于产品瑕疵而非产品缺陷

    B. 缺陷产品与瑕疵产品都属于禁止流通产品

    C. 产品缺陷责任是一种特殊侵权责任，而产品瑕疵责任是一种合同责任

    D. 因产品缺陷造成损害要求赔偿的，诉讼时效期间为 2 年

15. 判断商品或服务的质量是否存在不合理危险的根本标准是 （ ）

    A. 该商品或服务是否符合企业生产规定

    B. 该商品或服务是否符合行业标准

    C. 该商品或服务是否符合国家标准

    D. 该商品或服务是否具有危害人身、财产安全的缺陷

16. 甲公司租赁乙商场柜台代销丙厂名牌电视机。为提高销售额，甲公司采取了多种促销手段。下列哪一项违反了法律规定？ （ ）

    A. 在摊位广告牌上标明"厂家直销"

    B. 在商场显著位置摆放该产品所获得的各种奖牌

    C. 开展"微利销售"，实行满 200 元返券 50 元

    D. 对顾客 1 周之内来退货"不问理由一概退换"

17. 2014 年 8 月 1 日，李某到甲公司担任会计，约定试用期 15 天。9 月 1 日甲公司向李某支付工资。9 月 15 日双方签订书面劳动合同。李某与甲公司劳动关系成立的时间是 （ ）

    A. 8 月 1 日   B. 8 月 16 日

    C. 9 月 1 日   D. 9 月 15 日

18. 下列有关集体合同的表述中，错误的是 （ ）

    A. 效力具有扩张性   B. 订立后立即生效

    C. 必须是书面形式   D. 可由工会代表职工订立

19. 下列自然资源中，既可以属于国家所有，又可以属于集体所有的是 （ ）

    A. 矿藏   B. 水流

    C. 海域   D. 滩涂

20. 下列不属于环境保护法的基本原则的是 （ ）

    A. 保护优先原则   B. 预防为主原则

    C. 综合利用与多目标开发原则   D. 公众参与原则

得分	评卷人	复查人

二、多项选择题（本大题共 5 小题，每小题 2 分，共 10 分。在每小题列出的五个备选项中至少有两个是符合题目要求的，请将其代码填写在题后的括号内。错选、多选、少选或未选均无分。）

21. 要约邀请是希望他人向自己发出要约的意思表示，则下列属于要约邀请的有 （　　）
    A. 寄送的价目表　　　　　　　B. 拍卖公告
    C. 招标公告　　　　　　　　　D. 招股说明书
    E. 商业广告

22. 违约行为的类型包括 （　　）
    A. 预期违约　　　　　　　　　B. 拒绝履行
    C. 迟延履行　　　　　　　　　D. 瑕疵履行
    E. 全面履行

23. 我国《反垄断法》规定的适用除外的情形有 （　　）
    A. 经营者按照有关知识产权法的规定合理行使知识产权的行为
    B. 农业生产者在农产品生产等经营活动中实施的联合行为
    C. 林业生产者在林产品加工过程中所实施的协同行为
    D. 畜牧业生产者在畜产品销售过程中所实施的联合行为
    E. 渔业生产者在水产品储存过程中所实施的协同行为

24. 产品质量监督管理制度包括 （　　）
    A. 产品质量监督检查制度　　　B. 产品质量认证制度
    C. 产品生产许可证制度　　　　D. 产品质量检验制度
    E. 产品责任制度

25. 周某与甲企业形成了非全日制用工的劳动关系。下列表述符合我国法律规定的有 （　　）
    A. 周某与甲企业可以订立口头协议
    B. 周某与甲企业不得约定试用期
    C. 周某还可以与其他企业订立劳动合同
    D. 周某与甲企业都可以随时通知对方终止劳动关系
    E. 终止用工后，甲企业可以不向周某支付经济补偿

第Ⅱ部分　非选择题（70分）

得分	评卷人	复查人

三、**简答题**（本大题共 6 小题，每小题 5 分，共 30 分）

26. 简述公司董事、监事和高级管理人员的消极任职资格。

27. 简述有限责任公司的股东构成。

28. 简述合伙企业的概念和特征。

29. 简述承诺的有效要件。

30. 简述不授予专利权的发明创造或事项。

31. 简述商业诽谤行为的表现形式。

得分	评卷人	复查人

四、论述题（本大题共 2 小题，每小题 10 分，共 20 分。）

32. 试论有限责任公司股东的权利和义务。

33. 试论商品或者服务经营者的义务。

得分	评卷人	复查人

五、案例题（本大题共 2 小题，每小题 10 分，共 20 分。）

34. 某研究院甲、国有企业乙、集体企业丙签订合同决定于北京共同投资设立一家销售型的科技发展有限公司。其中，甲以高科技成果出资，作价 150 万元，乙以厂房出资，作价 200 万元，丙以现金 120 万元出资，后丙因为资金紧张实际出资 100 万元。

据上述材料，回答下列问题：

（1）以非货币形式出资，应办理什么手续？

（2）丙承诺出资 120 万，但实际出资 100 万元，应承担什么责任？

（3）设立有限责任公司应提交哪些文件或资料？

35. 甲公司与乙公司达成协议，约定由乙公司按照甲公司的要求制作一批有甲公司标识的公司 30 周年年庆的礼品。乙公司因生产任务繁重，为保证按期交货，未经甲公司许可私下委托丙公司制作。因丙公司未按期完成制作任务，致使乙公司未能按期向甲公司交付该批礼品。

根据上述材料，回答下列问题：

（1）甲乙公司之间的协议属于买卖合同，还是承揽合同？为什么？

（2）乙公司是否有权委托丙公司制作礼品？为什么？

（3）本案中丙公司是否应向甲公司承担违约责任？为什么？

全国高等教育自学考试
经济法概论（财经类）模拟试卷（一）
参考答案

一、单项选择题

1. A   2. D   3. D   4. B   5. C   6. A   7. B   8. A   9. B
10. D   11. C   12. C   13. C   14. B   15. D   16. A   17. A   18. B
19. D   20. B

二、多项选择题

21. ABCDE   22. ABCD   23. ABCDE   24. ABCD   25. ABCDE

三、简答题

26. 答：依据《中华人民共和国公司法》的规定，有下列情形之一的，不得担任公司的董事、监事和高级管理人员：

（1）无民事行为能力人或者限制民事行为能力人。

（2）因贪污、贿赂、侵占财产、挪用财产或者破坏市场经济秩序，被判处刑罚，执行期满未逾 5 年，或者因犯罪被剥夺政治权利，执行期满未逾 5 年。

（3）担任破产清算的公司、企业的董事或者厂长、经理，对该公司、企业的破产负有个人责任的，自该公司、企业破产清算完结之日起未逾 3 年。

（4）担任因违法被吊销营业执照、责令关闭的公司、企业的法定代表人，并负有个人责任的，自该公司、企业被吊销营业执照之日起未逾 3 年。

（5）个人所负数额较大的债务到期未清偿。

27. 答：（1）在公司章程上签名、盖章并履行出资义务的发起人，他们可以是自然人、法人等。

（2）在公司存续期间依法取得股权的人。

（3）公司增资时的新股东。

28. 答：合伙企业是指自然人、法人和其他组织依照《中华人民共和国合伙企业法》在中国境内设立的普通合伙企业和有限合伙企业。其特征主要有：

（1）由两个以上的投资人共同投资兴办。

（2）合伙协议是合伙企业的成立基础。

（3）合伙企业属于人合企业。

（4）普通合伙人对合伙企业债务负无限连带责任；有限合伙人对合伙企业债

务承担有限责任。

29. 答：（1）须由受要约人向要约人作出。

（2）承诺须在要约规定的期限或在合理期限内到达要约人。

（3）承诺的内容须与要约的内容一致。

30. 答：（1）对违反法律、社会公德或者妨害公共利益的发明创造，不授予专利权。

（2）对违反法律、行政法规的规定获取或者利用遗传资源，并依赖该遗传资源完成的发明创造，不授予专利权。

（3）对下列各项，不授予专利权：①科学发现；②智力活动的规则和方法；③疾病的诊断和治疗方法；④动物和植物品种；⑤用原子核变换方法获得的物质；⑥对平面印刷品的图案、色彩或者二者的结合作出的主要起标识作用的设计。但是，动物和植物品种的生产方法，可以依法授予专利权。

（4）任何单位或者个人将在中国完成的发明或者实用新型向外国申请专利的，应当事先报经国务院专利行政部门进行保密审查。对违反此规定向外国申请专利发明或实用新型，在中国申请专利的，不授予专利权。

31. 答：（1）利用散发公开信、召开新闻发布会、刊登声明性广告等形式，制造、散布贬损竞争对手商业信誉、商品声誉的虚假事实。

（2）在对外经营过程中，向业务客户及消费者散布虚假事实，以贬低竞争对手的商业信誉，诋毁其商品或服务的质量声誉。

（3）利用商品的说明书，吹嘘本产品质量上乘，贬低同业竞争对手生产销售的同类产品。

（4）教唆他人在公众中造谣并传播、散布竞争对手所售的商品质量有问题，使公众对该商品失去信赖。

（5）组织人员，以顾客或者消费者的名义，向有关经济监督管理部门作关于竞争对手产品质量低劣、服务质量差、侵害消费者权益等情况的虚假投诉，从而达到贬损其商业信誉的目的。

（6）诋毁性对比广告。

（答出任意 5 项即可）

四、论述题

32. 答：（1）股东的权利。

股东的权利主要表现为自益权和共益权。自益权是指股东基于自身出资专为自身利益而享有的权利；共益权是指股东基于自己的出资为公司利益同时也为自己利益而享有的参与公司事务的权利，如请求召开股东会的权利等。

我国《公司法》规定的股东的法定权利有：

①出席股东会的权利，参与公司重大决策和选择经营管理者的权利；②被选举为公司董事、监事的权利；③查阅股东会会议记录和公司财务报告的权利；

④按比例获取红利的权利；⑤公司新增出资时，享有优先认购的权利；⑥对其他股东转让出资在同等条件下的优先认购权，如有多个股东均欲购买，则按出资比例享有优先认购权；⑦为公司及股东利益起诉董事、高级管理人员的权利等。

（2）股东的义务。

股东应履行以下义务：①缴纳所认缴的出资；②遵守公司章程；③以其缴纳的出资为限对公司承担责任；④在公司核准登记后，不得抽逃出资；⑤对公司其他股东的诚信义务等。

33. 答：（1）依法定或者约定提供商品或者服务的义务。

（2）接受消费者监督的义务。

（3）安全保障的义务。

（4）缺陷产品召回的义务。

（5）提供真实信息的义务。

（6）标明真实名称和标记的义务。

（7）出具购买凭证或者服务单据的义务。

（8）保证商品或服务质量符合要求的义务。

（9）履行7日内退货的义务。

（10）格式条款的提示、说明义务。

（11）公平交易的义务。

（12）尊重消费者人格权的任务。

（13）重要信息披露义务。

（14）消费者个人信息保护义务。

五、案例题

34. 答：（1）以非货币出资的，应当依法办理财产权的转移手续。

（2）丙未实额缴纳出资，除应当向公司足额缴纳外，还应当向已按期足额缴纳出资的股东甲、乙承担违约责任。

（3）股东认定公司章程规定的出资后，由全体股东指定的代表或者共同委托的代理人向公司登记机关报送公司登记申请书、公司章程等文件，申请设立登记。

35. 答：（1）属于承揽合同。承揽合同，是指一方按照他方的特别要求完成一定工作，并将工作成果交付他方，他方按照约定接受工作成果并给付酬金的合同。题目中的协议满足承揽合同的构成要件。

（2）无权。甲公司与乙公司订立承揽合同，甲公司委托乙公司制作的是特定物，只有乙公司独立完成合同约定的工作才符合甲公司的要求，乙公司不能将其主要义务交由丙公司来完成，否则乙公司的行为属于债务不履行，应负违约责任。

（3）丙公司不应向甲公司承担违约责任。丙公司与甲公司不存在合同关系，应由乙公司向甲公司承担违约责任。

全国高等教育自学考试
经济法概论（财经类）模拟试卷（二）

（考试时间 150 分钟）

题号	一	二	三	四	五	总分
题分	20	10	30	20	20	
得分						

第 I 部分　选择题（30 分）

得分	评卷人	复查人

　　一、单项选择题（本大题共 20 小题，每小题 1 分，共 20 分）在每小题列出的四个备选项中只有一个是符合题目要求的，请将其代码填写在题后的括号内。错选、多选或未选均无分。

1. 下列有关股份的发行说法错误的是　　　　　　　　　　　　　　　（　　）
   A. 股票可以溢价发行，也可以低于票面金额发行
   B. 同种类的每一股份应具有同等权利
   C. 股份的发行，实行公平、公正的原则
   D. 股份的转让或交易可以低于票面金额

2. A、B 两公司合并成立了一个 C 公司，那么 A 公司原来的债务由　（　　）
   A. A 公司承担　　　　　　　　　　B. B 公司承担
   C. C 公司承担　　　　　　　　　　D. A 公司和 C 公司共同承担

3. 下列不属于公司资本原则的是　　　　　　　　　　　　　　　　　（　　）
   A. 资本确定原则　　　　　　　　　B. 资本维持原则
   C. 资本不变原则　　　　　　　　　D. 资本真实原则

4. 继承人继承原合伙人在合伙企业中的出资或财产份额，其取得合伙人资格的时间是　　　　　　　　　　　　　　　　　　　　　　　　　　（　　）

    A. 从继承开始之日起

    B. 经全体合伙人一致同意后

    C. 继承人明确表示接受后

    D. 原合伙人死亡或依法被宣告死亡后

5. 甲对乙说"我的手机 2 000 元卖给你"，下列行为构成承诺的是　　　　（　　）

    A. 乙对甲说"如果 1 000 元我就要"

    B. 乙的儿子对甲说"好，成交"

    C. 乙对甲说"行，明天晚上给你钱"

    D. 乙对甲说"过两年再说"

6. 10 岁小朋友王某在学校门口商店花 10 元人民币买了一盒冰淇淋，该行为

                                                 （　　）

    A. 效力待定　　　　　　　　　　B. 可撤销

    C. 有效　　　　　　　　　　　　D. 无效

7. 合同生效后，给付定金的一方不履行合同的，　　　　　　　（　　）

    A. 有权要求返还定金

    B. 无权要求返还定金

    C. 有权要求返还定金但须赔偿损失

    D. 无权要求返还定金并支付违约金

8. 有权申请宣告专利权无效的主体是　　　　　　　　　　　（　　）

    A. 申请人　　　　　　　　　B. 国家专利行政管理部门

    C. 同行业经营者　　　　　　D. 任何单位或个人

9. 将专利权仅许可一个被许可人使用且专利权人依约定也不得使用该专利的
专利实施许可，称为　　　　　　　　　　　　　　　　　　　（　　）

    A. 独占实施许可　　　　　　　B. 排他实施许可

    C. 普通实施许可　　　　　　　D. 特定实施许可

10. 下列申请注册的商标，不符合法律规定的是　　　　　　　（　　）

    A. 在家具上申请注册"纯木"商标

    B. 在药品上申请注册"峨眉山"商标

    C. 在电扇上申请注册"霞飞"商标

    D. 在商品房上申请注册"锦宏"商标

11. A 企业在市场上推出一种多功能遥控器，名为"一点通"，产品设计成适
应操作者手形的曲线外观，并配以反传统的香槟色。该多功能遥控器销售地区甚
广，在相关市场广受消费者欢迎。B 企业后来在市场上推出"一按达"多功能遥
控器，其外观、色彩与 A 企业的"一点通"相仿，引起混淆。该行为属于（　　）

    A. 假冒、仿冒他人注册商标

    B. 擅自使用知名商品特有的名称、包装、装潢

      C. 侵犯外观设计专利权

      D. 引人误解的虚假宣传

12. 某饮品企业，为牟取暴利，未经认证擅自在自己生产的低档饮料包装上印制绿色产品标志。该行为是　　　　　　　　　　　　　　　　　　　　　（　　）

      A. 虚假标示行为　　　　　　　　　　B. 虚假广告行为

      C. 商业诽谤行为　　　　　　　　　　D. 伪造产地行为

13. 经营者的下列行为，不属于不正当竞争的是　　　　　　　　　　　（　　）

      A. 盗窃权利人的商业秘密

      B. 利用有奖销售的手段销售质次价高的商品

      C. 经营者发布真实信息，导致竞争对手的商业信誉降低

      D. 以明显的夸张方式宣传产品

14. 企业申请产品质量认证所遵循的原则是　　　　　　　　　　　　　（　　）

      A. 自愿原则　　　　　　　　　　　　B. 法定原则

      C. 协议原则　　　　　　　　　　　　D. 强制原则

15. 产品瑕疵责任的诉讼时效期限为　　　　　　　　　　　　　　　　（　　）

      A. 1 年　　　　　　　　　　　　　　B. 2 年

      C. 3 年　　　　　　　　　　　　　　D. 5 年

16. 某宾馆在宾馆大厅张贴告示告知住宿客人："住宿期间安全自负，本店概不负责。"王某在住宿期间，因电线老化发生火灾，烧成轻伤。王某受到的伤害，应由　　　　　　　　　　　　　　　　　　　　　　　　　　　　　　（　　）

      A. 王某自己负责　　　　　　　　　　B. 王某和宾馆共同承担责任

      C. 宾馆承担责任　　　　　　　　　　D. 王某和宾馆分别承担责任

17. 某美容店向杨某推荐一种价格很便宜的护肤产品。杨某对该产品如此便宜表示疑惑，店家解释为店庆优惠。杨某买回使用后，面部出现红肿、瘙痒等症状。后经质检部门认定，该护肤产品为劣质产品。杨某遂向美容店索赔。对此，下列说法正确的是　　　　　　　　　　　　　　　　　　　　　　　　　　　（　　）

      A. 美容店不知道该产品为假名牌，不应承担责任

      B. 美容店不是假名牌的生产者，不应承担责任

      C. 美容店违反了保证商品和服务安全的义务，应承担责任

      D. 杨某对该产品有怀疑仍接受了服务，应承担部分责任

18. 用人单位因生产经营状况发生困难而裁减人员，从裁减人员之日起几个月内新招人员时，在同等条件下应当优先录用本单位被裁减人员？　　　　（　　）

      A. 1 个月　　　　　　　　　　　　　B. 3 个月

      C. 6 个月　　　　　　　　　　　　　D. 12 个月

19. 用人单位应向劳动者支付经济补偿金的情形有　　　　　　　　　　（　　）

      A. 劳动者被宣告失踪的

B. 劳动者在试用期间被证明不符合劳动条件而解除劳动合同的

C. 劳动者提出解除劳动合同

D. 用人单位被依法宣告破产的

20. 在我国，矿产资源的所有权属于　　　　　　　　　　　　（　　）

　　A. 个人　　　　　　　　　　　　B. 企业

　　C. 集体　　　　　　　　　　　　D. 国家

得分	评卷人	复查人

二、多项选择题（本大题共 5 小题，每小题 2 分，共 10 分。在每小题列出的五个备选项中至少有两个是符合题目要求的，请将其代码填写在题后的括号内。错选、多选、少选或未选均无分。）

21. 下列关于有限责任公司组织机构的正确叙述有　　　　　　（　　）

　　A. 股东会不是必设机构

　　B. 规模较小的有限责任公司可不设董事会

　　C. 监事会是任意机构

　　D. 经理不是必设机关

　　E. 必须设立监事会

22. 甲与乙签订一份钢材买卖合同，甲应于 9 月 15 日支付 100 万元货款。甲到期没有付款，且甲目前无钱可付，下列情形中乙可以行使撤销权的是（　　）

　　A. 甲与丙相互串通，甲将值钱的财产送给丙，以逃避欠乙的债务

　　B. 丙欠甲 50 万元借款，已到期，但甲放弃了债权

　　C. 甲父在知道甲欠乙货款的情况下，仍然接受了甲送给他的赡养费

　　D. 甲将价值 100 万元的房屋以 20 万元的价格卖给了丙，丙知道甲欠乙货款

　　E. 甲将汽车赠与其朋友丙

23. 下列不能申请专利的有　　　　　　　　　　　　　　　　（　　）

　　A. 万能钥匙　　　　　　　　　　B. 赌博工具

　　C. 吸毒工具　　　　　　　　　　D. 造币机

　　E. 制作营养食品的新的技术方案

24. 生产者在其产品或产品包装上做的标识应符合　　　　　　（　　）

　　A. 有产品质量检验合格证明

　　B. 有中文标明的产品名称、生产厂厂名和厂址

　　C. 根据产品的特点和使用要求，需要标明产品规格等，应当予以标明

　　D. 限期使用的商品，应标明生产日期和安全使用期或者失效日期

　　E. 对易坏或者可能危及人身、财产安全的产品，应当有警示标志或中文警示说明

25. 下列关于劳动合同的解除，说法正确的有 （　　　）

A. 用人单位未在约定时间支付劳动报酬，劳动者可以解除合同

B. 劳动者被依法追究刑事责任的，用人单位可以解除劳动合同

C. 劳动者非因工负伤，在医疗期内的，用人单位可以解除劳动合同

D. 用人单位未为劳动者交纳社会保险费的，劳动者可以解除劳动合同

E. 劳动者与用人单位协商一致，可以解除劳动合同

第Ⅱ部分　非选择题（70分）

得分	评卷人	复查人

三、简答题（本大题共6小题，每小题5分，共30分。）

26. 简述有限责任公司的设立条件。

27. 简述违约责任的免责事由。

28. 简述承揽合同的概念和特征。

29. 简述假冒专利的行为。

30. 简述不正当竞争行为的特征。

31. 简述消费者协会的职能。

得分	评卷人	复查人

四、论述题（本大题共 2 小题，每小题 10 分，共 20 分。）

32. 论专利权的无效。

33. 论垄断协议的概念、类型及其豁免。

得分	评卷人	复查人

五、案例题（本大题共 2 小题，每小题 10 分，共 20 分。）

34. A、B、C 三人共同出资于北京成立一家普通合伙企业，合伙协议约定：A 对外代表企业，B、C 不执行企业事务。企业成立后，A 为了增加企业的流动资金，自行决定以企业名义将企业闲置厂房出售给李四。此后不久，A 意外去世，A 的儿子要求继承父亲在该企业的合伙人资格。对此，C 同意，B 不同意。

根据上述材料，回答下列问题：

（1）合伙协议有关企业事务执行的约定是否合法？为什么？

（2）A 出售企业厂房的行为是否合法？为什么？

（3）A 的儿子能否成为合伙人？为什么？

35. 1994 年年底，贵阳南明老干妈风味食品有限公司推出了以"老干妈"为商品名称的风味食品。自 1996 年 8 月，该公司开始使用自己的包装瓶和瓶贴，用在风味豆豉的外包装上，随后又申请了外观设计专利。1997 年 10 月。湖南华越食品公司开发生产的"老干妈"风味豆豉，使用的包装瓶和瓶贴与贵阳"老干妈"的瓶贴色彩、图案、产品名称及"老干妈"字体都相同，不久也申请了与"贵阳老干妈"相似的外观设计专利。1997 年 11 月，"贵阳老干妈"以不正当竞争为由，将"湖南老干妈"及销售商北京某商场告上法庭，两家外地"老干妈"在北京打起了官司。

根据以上案情，请回答下列问题：

（1）法院依法判决谁侵权？为什么？

（2）此案还可依据什么法律起诉？

全国高等教育自学考试
经济法概论（财经类）模拟试卷（二）
参考答案

一、单项选择题

1. A   2. C   3. D   4. A   5. C   6. C   7. B   8. D   9. A

10. A   11. B   12. A   13. C   14. A   15. A   16. C   17. C   18. C

19. D   20. D

二、多项选择题

21. ABCD   22. ABDE   23. ABCD   24. ABCDE   25. ABDE

三、简答题

26. 答：（1）股东符合法定人数和法定资格。

（2）股东共同制定公司章程。

（3）有公司名称，建立符合有限责任公司要求的组织机构。

（4）有公司住所。

27. 答：（1）不可抗力：指不能预见、不能避免并不能克服的客观情况。

（2）违约相对人有过失：违约行为发生后，相对人应采取措施防止损失扩大，如未采取措施造成损失扩大的，不得要求对扩大部分赔偿损失；当事人都有过失的，各自承担相应的责任。

（3）约定的免责事由：是指当在订立合同时，当事人协商确定的免责事由。但是，约定免责事由违反法律或社会公共利益的，不发生免责效果。

28. 答：承揽合同，是指承揽人按照定做人的特别要求完成工作，并将工作成果交付定做人，定做人按照约定接受工作成果并给付酬金的合同。承揽合同具有以下特征：

（1）以完成一定工作为内容的合同。承揽合同的标的不是人的劳动，而是劳动成果。

（2）标的物具有特定性。定做人对工作成果的质量、数量、规格、形状等的要求使承揽标的物特定化，使它与其他物品有所区别，从而满足定做人的特殊需要。

（3）承揽人的工作具有独立性。只有承揽人独立完成合同约定的工作才符合定做人的要求。承揽人如将其主要义务交由其他人来完成，属于债务不履行，定做人有权解除合同并要求承揽人承担违约责任。

（4）承揽合同是诺成性合同、双务合同、有偿合同、不要式合同。

29. 答：（1）在未被授予专利权的产品或者其包装上标注专利标识，专利权被宣告无效后或者终止后继续在产品或者其包装上标注专利标识，或者未经许可在产品或者产品包装上标注他人的专利号。

（2）销售第（1）项所述产品。

（3）在产品说明书等材料中将未被授予专利权的技术或者设计称为专利技术或者专利设计，将专利申请称为专利，或者未经许可使用他人的专利号，使公众将所涉及的技术或者设计误认为是专利技术或者专利设计。

（4）伪造或者变造专利证书、专利文件或者专利申请文件。

（5）其他使公众混淆，将未被授予专利权的技术或者设计误认为是专利技术或者专利设计的行为。

30. 答：（1）不正当竞争行为是一种竞争行为。

（2）不正当竞争行为的主体为实施违法竞争行为的经营者。

（3）经营者实施了不正当竞争行为。

（4）不正当竞争行为具有社会危害性。

31. 答：（1）向消费者提供消费信息和咨询服务，提高消费者维护自身合法权益的能力，引导文明、健康、节约资源和保护环境的消费方式。

（2）参与制定有关消费者权益的法律、法规、规章和强制性标准。

（3）参与有关行政部门对商品和服务的监督、检查。

（4）就有关消费者合法权益的问题，向有关部门反映、查询，提出建议。

（5）受理消费者的投诉，并对投诉事项进行调查、调解。

（6）投诉事项涉及商品和服务质量问题的，可以委托具备资格的鉴定人鉴定，鉴定人应当告知鉴定意见。

（7）就损害消费者合法权益的行为，支持受损害的消费者提起诉讼或者依照《中华人民共和国消费者权益保护法》提起诉讼。

（8）对损害消费者合法权益的行为，通过大众传播媒介予以揭露、批评。

（答出任意5项即可）

四、论述题

32. 答：（1）申请宣告专利权无效的主体。自国务院专利行政部门公告授予专利权之日起，任何单位或者个人认为该专利权的授予不符合《中华人民共和国专利法》有关规定的，可以请求专利复审委员会宣告该专利权无效。

（2）宣告专利权无效的程序。

专利复审委员会对宣告专利权无效的请求应当及时审查和作出决定，并通知请求人和专利权人。宣告专利权无效的决定，由国务院专利行政部门登记和公告。

在专利复审委员会就无效宣告请求作出决定之后，又以相同的理由和证据请求无效宣告的，专利复审委员会不予受理。对专利复审委员会宣告专利权无效或者维持专利权的决定不服的，可以自收到通知之日起3个月内向人民法院起诉。人民法院应当通知无效宣告请求程序的对方当事人作为第三人参加诉讼。

（3）宣告专利权无效的法律效果。

宣告无效的专利权视为自始即不存在。宣告专利权无效的决定，对在宣告专利权无效前人民法院作出并已执行的专利侵权的判决、调解书，已经履行或者强制执行的专利侵权纠纷处理决定，以及已经履行的专利实施许可合同和专利权转让合同，不具有追溯力。但是因专利权人的恶意给他人造成的损失，应当给予赔偿。如果不返还专利侵权赔偿金、专利使用费、专利权转让费，明显违反公平原则的，应当全部或者部分返还。

33. 答：（1）垄断协议的概念和类型。

垄断协议，是指排除、限制竞争的协议、决议或者其他协同行为。垄断协议的类型包括：

①横向垄断协议，是指具有竞争关系的经营者之间达成的协议。具体包括：

第一，固定或者变更商品价格。这是最为严重的限制竞争行为。

第二，限制商品的生产数量或者销售数量。

第三，分割销售市场或者原材料采购市场。

第四，限制购买新技术、新设备或者限制开发新技术、新产品。

第五，联合抵制交易，又称集体拒绝交易，包括设置第三人进入市场障碍协议和排挤竞争对手协议。

第六，国务院反垄断执法机构认定的其他垄断协议。

②纵向垄断协议，是指经营者与交易相对人之间达成的协议。主要表现为：

第一，固定向第三人转售商品的价格。

第二，限定向第三人转售商品的最低价格。

第三，国务院反垄断执法机构认定的其他垄断协议。

（2）垄断协议的豁免。

垄断协议的豁免，是指经营者之间的协议、决议或者其他协同行为，虽然排除、限制了竞争，构成了垄断协议，但该类协议在其他方面所带来的好处要大于其对于竞争秩序的损害，因此，法律规定对其豁免，即排除适用反垄断法的规定。豁免制度是利益衡量的结果。

根据我国《反垄断法》第十五条的规定，以下垄断协议予以豁免：

①经营者为改进技术、研究开发新产品的。

②为提高产品质量、降低成本、增进效率，统一产品规格、标准或者实行专业化分工的。

③为提高中小经营者经营效率，增强中小经营者竞争力的。

④为实现节约能源、保护环境、救灾救助等社会公共利益的。

⑤因经济不景气，为缓解销售量严重下降或者生产明显过剩的。

⑥为保障对外贸易和对外经济合作中的正当利益的。

⑦法律和国务院规定的其他情形。对于上述第①项至第⑤项情形予以豁免的，经营者要承担相应的举证责任，证明其所达成的协议不会严重限制相关市场的竞争，并且能够使消费者分享由此产生的利益。

五、案例题

34. 答：（1）合法。根据《中华人民共和国合伙企业法》第二十六条的规定，合伙人对执行合伙事务享有同等的权利，合伙企业既可以由全体合伙人共同执行合伙事务，也可由合伙协议约定或全体合伙人决定，委托一个或数个合伙人对外代表合伙企业，执行合伙事务。

（2）不合法。根据《中华人民共和国合伙企业法》第三十一条的规定，处分合伙企业的不动产除合伙协议另有约定外，应经全体合伙人一致同意。

（3）不能。根据《中华人民共和国合伙企业法》第五十条的规定，合伙人在合伙中的出资或财产份额，可由其继承人继承。继承人依照合伙协议的约定或经全体合伙人一致同意，从继承开始之日起取得合伙人资格。本案中，合伙协议并未对继承人的继承作出约定，同时，"C同意，B不同意"，故A的儿子不能成为合伙人。

35. 答：（1）法院依法判决"湖南老干妈"及北京某商场侵权。

（2）因被告的包装瓶的色彩、图案、产品名称甚至字体等都与原告相同，使人误认是原告的产品，构成不正当竞争。

（3）此案还可依据专利法起诉。因被告未经专利人许可，为生产经营目的制造、销售其外观设计专利产品。并可以以侵犯在先权利人的专利为由，请求专利复审委员会宣告被告专利权无效。

全国高等教育自学考试
经济法概论（财经类）模拟试卷（三）

（考试时间 150 分钟）

题号	一	二	三	四	五	总分
题分	20	10	30	20	20	
得分						

第Ⅰ部分　选择题（30 分）

得分	评卷人	复查人

一、单项选择题（本大题共 20 小题，每小题 1 分，共 20 分）在每小题列出的四个备选项中只有一个是符合题目要求的，请将其代码填写在题后的括号内。错选、多选或未选均无分。

1. 对拟进行的开发建设活动及其他决策行为可能引起的环境影响进行预测和评估，并据此制定出防治或减少环境污染和破坏的对策和措施的法律制度是　　　　　　　　　　　　　　　　　　　　（　　）

    A. 环境规划制度　　　　　　　　　　B. 环境影响评价制度

    C. 环境保护目标责任制度　　　　　　D. 环境标准制度

2. 下列事项中，可以简单多数通过股东会决议的是　　　　　（　　）

    A. 公司解散的决议　　　　　　　　　B. 变更公司形式的决议

    C. 修改公司章程的决议　　　　　　　D. 关于利润分配方案的决议

3. 甲、乙、丙组成了特殊普通合伙企业，丙在执行合伙业务中因重大过失造成合伙企业 200 万元债务，对该债务的承担，下列表述正确的是　　（　　）

    A. 甲、乙、丙应当对该债务承担无限连带责任

    B. 甲、乙、丙应当对该债务承担按份责任

    C. 丙应当对该债务承担无限连带责任

D. 甲、乙对该债务不承担责任

4. 有关个人独资企业的财产和责任，下列表述正确的是　　　　　　（　　）

    A. 个人独资企业的财产和家庭财产严格区分

    B. 个人独资企业的投资人需提交验资报告

    C. 个人独资企业仅以企业财产承担责任

    D. 个人独资企业应以投资人的全部个人财产或家庭财产对企业债务承担无

       限责任

5. 下列合同中属于实践合同的是　　　　　　　　　　　　　　　　（　　）

    A. 买卖合同　　　　　　　　　　B. 承揽合同

    C. 技术转让合同　　　　　　　　D. 自然人之间的借款合同

6. 住所地在甲地的大海公司在乙地设立了一家分公司，该分公司以自己的名义与乙地的公司签订了一份房屋租赁合同，现分公司因为拖欠租金发生纠纷，下列说法中正确的是　　　　　　　　　　　　　　　　　　　　　　（　　）

    A. 房屋租赁合同有效，法律责任由合同当事人独立承担

    B. 由于该分公司不具有民事主体资格，又无大海公司授权，因此该租赁合

       同无效

    C. 合同有效，该合同产生的法律责任由大海公司承担

    D. 合同有效，该合同产生的法律责任由大海公司及其分公司承担连带责任

7. 甲、乙双方约定，合同成立后的第一场大雨下后，甲送给乙一套电子产品，该约定是　　　　　　　　　　　　　　　　　　　　　　　　　　　（　　）

    A. 附生效条件的合同　　　　　　B. 附解除条件的合同

    C. 附生效期限的合同　　　　　　D. 附终止期限的合同

8. 甲与乙签订一份煤炭供应合同，甲为供方，乙为需方。双方约定甲于8月20日供货，乙于9月20日付款。甲按期供货，但经验收煤炭含硫量严重超标，导致乙方不能使用，对此乙方享有　　　　　　　　　　　　　　　　（　　）

    A. 先履行抗辩权　　　　　　　　B. 不安抗辩权

    C. 同时履行抗辩权　　　　　　　D. 先诉抗辩权

9. 甲与乙签订了一份卖牛合同。甲将一头牛交付乙，后来乙请人宰杀后惊喜发现得到牛黄200克，卖后获价款9 000元。甲、乙就该牛黄款发生争议。依我国《合同法》　　　　　　　　　　　　　　　　　　　　　　　　　　　（　　）

    A. 牛黄款归甲所有

    B. 牛黄款由甲、乙平分

    C. 牛黄款归乙所有

    D. 牛黄款主要归甲所有，乙也可以分得一部分

10. 专利申请日以前在国内外为公众所知的技术是　　　　　　　　　（　　）

    A. 专利技术　　　　　　　　　　B. 现有技术

C. 非专利技术   D. 发现

11. 凡是对商标局撤销商标权的决定不服的，当事人申请复审的机关是（   ）

    A. 商标局   B. 商标评审委员会

    C. 工商局   D. 人民法院

12. 下列选项不属于垄断协议的是   （   ）

    A. 甲企业和乙企业约定：前者占领上海市场，后者占领成都市场

    B. 因为价格问题，甲、乙两家公司口头约定：甲、乙两公司只从丙煤炭公司处购买煤炭

    C. 甲药厂和乙医药连锁超市约定：后者出售前者的某种专利药品只能按某价格出售

    D. 甲药厂和乙医药连锁超市约定：后者出售前者的某种专利药品最高按某价格出售

13. 下列关于掠夺性定价行为的表述中，不正确的是   （   ）

    A. 该行为发生在商品销售环节

    B. 该行为牟取了暴利

    C. 该行为采用低于商品成本的价格销售

    D. 该行为目的在于排挤竞争对手，维持或争取自身的竞争优势

14. 以不公平的高价销售商品或者以不公平的低价购买商品的行为属于（   ）

    A. 滥用行政权力行为

    B. 不当搭售行为

    C. 商业诽谤行为

    D. 滥用市场支配地位的行为

15. 某汽车销售公司销售 A 品牌汽车，在市场上流通一段时间后，发现该汽车存在刹车失灵问题，故发出召回产品的通知。关于该案下列表述正确的是 （   ）

    A. 召回产品的费用由消费者承担

    B. 该汽车生产公司承担消费者因商品被召回的必要费用

    C. 私下召回该产品

    D. 该产品被召回后不作任何处理

16. 下列表述中不违反我国《消费者权益保护法》的是   （   ）

    A. 超市保安看见一衣衫褴褛的消费者可以进行辱骂

    B. 超市保安怀疑一消费者衣服藏有该超市物品，可以要求搜身

    C. 超市保安怀疑一消费者偷吃超市饼干，可以将其关在保安室

    D. 汪某为查知其债务人李某的经济状况，要求李某的开户行提供李某的账户信息，遭到该银行的拒绝

17. 劳动者不能胜任工作，经过培训或者调整工作岗位，仍不能胜任工作的，用人单位可以   （   ）

A. 解除合同   B. 终止合同

C. 变更合同   D. 续订合同

18. 劳动争议申请仲裁的时效期间是 （　　）

A. 6 个月   B. 9 个月

C. 1 年   D. 2 年

19. 征收下列土地，不需要经国务院批准的是 （　　）

A. 基本农田

B. 基本农田以外的耕地超过 30 公顷的

C. 基本农田以外的耕地超过 35 公顷的

D. 其他土地超过 70 公顷的

20. A、B、C、D 四家公司作为发起人，以募集方式设立股份有限公司，召开创立大会时，由于客观环境发生重大变化，公司不再设立，对于筹建中发生的 1 800 万元债务承担，下列说法正确的是 （　　）

A. A、B、C、D 平均分摊

B. A、B、C、D 按约定的出资比例分摊

C. A、B、C、D 承担连带责任

D. A、B、C、D 按创立大会成员所代表的表决权比例承担

得分	评卷人	复查人

二、多项选择题（本大题共 5 小题，每小题 2 分，共 10 分。在每小题列出的五个备选项中至少有两个是符合题目要求的，请将其代码填写在题后的括号内。错选、多选、少选或未选均无分。）

21. 劳动者可以单方解除劳动合同的情形有 （　　）

A. 用人单位未及时足额支付劳动报酬

B. 用人单位以暴力手段强迫劳动者劳动

C. 用人单位支付的工资低于社会平均工资水平的

D. 用人单位未依法为劳动者缴纳社会保险费的

E. 在试用期内

22. 当事人在订立合同过程中有下列哪种情形，给对方造成损失的，应当承担损害赔偿责任？ （　　）

A. 假借订立合同，恶意进行磋商

B. 提供虚假情况

C. 故意隐瞒与合同有关的重要事实

D. 不及时签订合同

E. 泄漏在订立合同过程中知悉的商业秘密

23. 根据我国《产品质量法》的规定，生产者在产品中不得实施 （　　）

　　A. 伪造产品的生产产地

　　B. 伪造他人的厂名、厂址

　　C. 生产国家明令淘汰的产品

　　D. 生产伪劣产品

　　E. 冒用认证标志、名优标志

24. 经营者的下列哪些行为违反了我国《消费者权益保护法》的规定？

　　　　　　　　　　　　　　　　　　　　　　　　　　　　（　　）

　　A. 某商家在商场内多处装置录像监控制备，其中包括服装销售区的试衣间

　　B. 顾客以购买的商品价格高于其他商店的同类商品的价格为由要求退货，商家予以拒绝

　　C. 商场的出租柜台更换了承租商户，新商户进场后，未更换原商户设置的名称标牌

　　D. 某饭店规定，顾客消费低于100元的不开发票

　　E. 甲公司代销乙公司商品，广告牌上标明"厂家直销，价格优惠"

25. 公司章程是公司的纲领性文件，其约束力表现为 （　　）

　　A. 对公司有约束力

　　B. 对公司董事有约束力

　　C. 对公司监事有约束力

　　D. 对公司股东有约束力

　　E. 对公司债权人有约束力

第Ⅱ部分　非选择题（70分）

得分	评卷人	复查人

三、简答题（本大题共6小题，每小题5分，共30分。）

26. 简述个人独资企业的设立条件。

27. 简述格式条款的特点。

28. 简述债权人代位权的行使要件。

29. 简述专利申请的优先权。

30. 简述商标注册的原则。

31. 简述行政性垄断的概念和特征。

得分	评卷人	复查人

四、论述题（本大题共 2 小题，每小题，10 分，共 20 分。）

32. 论无效合同的概念、含义、种类及合同被确认无效后的法律后果。

33. 论我国行政性垄断的表现形式。

得分	评卷人	复查人

五、案例题（本大题共 2 小题，每小题 10 分，共 20 分。）

34. 中学生王某，16 周岁，身高 175 厘米，但面貌成熟，像二十多岁。王某为了买一部新款手机，欲将家中一套面积为 60 平方米的闲置房卖掉筹手机款。后托人认识李某，双方签订了购房合同，李某支付定金 10 万元，双方遂到房屋管理部门办理了房屋产权转让手续。王某父亲发现此事后，起诉到法院。

根据上述材料，回答下列问题：

该房屋买卖合同是否有效？为什么？

35. 某制药厂与王某于 2014 年 10 月 15 日签订了为期 10 年的劳动合同。同时，该厂选派王某去国外学习一项制药新技术，花费人民币 10 万元。劳动合同约定，在合同期内，王某与不得离开本企业，如违约造成企业经济损失时，应负全部赔偿责任。2015 年 11 月 10 日，某合资企业以高薪聘请王某，签订了 2 年的劳动合同。王某擅自离开制药厂后，由于其他人员尚未掌握这种新技术，因此产品质量下降，在半年时间内造成大量产品积压，损失达 300 余万元。为此，某制药厂向当地劳动争议仲裁委员会提出申请，要求王某与合资企业赔偿全部经济损失，并要求王某回厂履行合同。

问：某制药厂的要求是否合理，依据是什么？

全国高等教育自学考试
经济法概论（财经类）模拟试卷（三）
参考答案

一、单项选择题

1. B　　2. D　　3. C　　4. D　　5. D　　6. C　　7. C　　8. A　　9. C
10. B　　11. B　　12. D　　13. B　　14. D　　15. B　　16. D　　17. A　　18. C
19. B　　20. C

二、多项选择题

21. ABDE　　22. ABCE　　23. ABCDE　　24. ACDE　　25. ABCD

三、简答题

26. 答：根据《中华人民共和国个人独资企业法》的规定，设立个人独资企业应具备下列条件：（1）投资人为一个自然人。

（2）有合法的企业名称。

（3）有投资人申报的出资。

（4）有固定的生产经营场所和必要的生产经营条件。

（5）有必要的从业人员。

27. 答：（1）均由一方事前拟定，未经当事人相互协商。

（2）要约对象具有广泛性，都是向不特定的公众发出。

（3）相对人处于从属地位，不能对其条款进行更改。

28. 答：（1）两个债权均合法有效到期，且债务人对次债务人的债权是非专属于债务人自身的金钱债权。

（2）债务人怠于行使其到期债权。

（3）债务人怠于行使给债权人造成损害。

（4）债权人以保全债权为必要限度。

29. 答：专利申请的优先权可分为外国优先权和本国优先权。

（1）外国优先权。

申请人自发明或者实用新型在外国第一次提出专利申请之日起 12 个月内，或者自外观设计在外国第一次提出专利申请之日起 6 个月内，又在中国就相同主题提出专利申请的，依照该外国同中国签订的协议或者共同参加的国际条约，或者依照相互承认优先权的原则，可以享有优先权。

（2）本国优先权。

申请人自发明或者实用新型在中国第一次提出专利申请之日起 12 个月内，又向国务院专利行政部门就相同主题提出专利申请的，可以享有优先权。申请人享有优先权的，优先权日视为申请日。

30. 答：（1）自愿注册原则。根据自愿注册原则，当事人是否申请商标注册，由商标使用人自己决定。

（2）先申请原则。两个或两个以上商标注册申请人先后就同一种商品或者类似商品，以相同或类似的商标申请注册的，商标局对申请在先者予以审核和公告，并驳回其他人的申请。如果申请人是同一天提出申请的，则以使用在先原则作为补充。

（3）优先权原则。商标注册申请的优先权，是指商标注册申请人在外国第一次提出商标注册申请之日起 6 个月内，若向中国提出同样申请的，将优先于他人在该申请日后提出的申请，取得申请在先的地位。除了申请优先权，我国《商标法》还规定了展览优先权，即商标在展览会展出的商品上首次使用的，可以享有优先权。

31. 答：行政性垄断是行政机关和法律、法规授权的具有管理公共事务职能的组织滥用行政权力限制竞争的行为。行政性垄断具有如下特征：

（1）行政性垄断是地方政府或中央政府的行业主管部门利用行政权力形成的。

（2）行政垄断的目的是保护地方经济利益或部门经济利益。

（3）行政垄断的形式主要是指定交易和限制资源自由流通。

（4）行政性垄断的后果是导致统一市场的人为分割及市场壁垒。

四、论述题

32. 答：（1）无效合同的概念和含义。

无效合同是指合同因欠缺生效要件而不发生当事人预期法律效力的合同。无效合同的含义包括：

①自始无效。即从合同成立之日起无效，而非从法院判决合同无效之日起无效，人民法院的判决只是对合同无效的确认。

②确定无效。合同无效应为确定无效。

③当然无效。无效合同无论当事人是否主张无效，均为无效。当事人主张合同无效，不适用诉讼时效和除斥期间的规定。

（2）无效合同的种类。

①以欺诈、胁迫手段订立的损害国家利益的合同。

②恶意串通，损害国家、集体或者第三人利益的合同。

③以合法形式掩盖非法目的的合同。

④损害社会公共利益的合同。

⑤违反法律、行政法规的禁止性或强制性规定的合同。

（3）合同被确认无效后的法律后果。

①返还财产。一方当事人在合同被确认为无效后，对其已交付给对方的财产享有返还请求权，而已经接受对方交付的财产的一方则负有返还对方的义务。

②赔偿损失。根据《中华人民共和国合同法》第五十八条的规定，合同被确认无效后，有过错的一方应当赔偿对方因此所受到的损失，双方都有过错的，应当各自承担相应的责任。

③收归国库或返还集体或第三人。因当事人故意订立的损害国家利益或社会公共利益的无效合同，当事人已经取得或约定取得的财产应收归国库所有，或返还给集体或第三人。当事人一方是故意的，应采取单方返还的办法；如果双方都是故意的，应追缴财产收归国家所有。

33. 答：（1）行政机关和法律、法规授权的具有管理公共事务职能的组织滥用行政权力，实施地区封锁的限制竞争行为。具体表现为：

第一，滥用行政权力。实施下列行为，妨碍商品在地区之间的自由流通：①对外地商品设定歧视性收费项目、实行歧视性收费标准，或者规定歧视性价格；②对外地商品规定与本地同类商品不同的技术要求、检验标准，或者对外地商品采取重复检验、重复认证等歧视性技术措施，限制外地商品进入本地市场；③采取专门针对外地商品的行政许可，限制外地商品进入本地市场；④设置关卡或者采取其他手段，阻碍外地商品进入或者本地商品运出；⑤妨碍商品在地区之间自由流通的其他行为。

第二，滥用行政权力，以设定歧视性资质要求、评审标准或者不依法发布信息等方式，排斥或者限制外地经营者参加本地的招标投标活动。

第三，滥用行政权力，采取与本地经营者不平等待遇等方式，排斥或者限制外地经营者在本地投资或者设立分支机构。

（2）行政机关和法律、法规授权的具有管理公共事务职能的组织滥用行政权力，限定或者变相限定单位或者个人经营、购买、使用其指定的经营者提供的商品。

（3）行政机关和法律、法规授权的具有管理公共事务职能的组织滥用行政权力，强制经营者从事反垄断法规定的垄断行为。

（4）行政机关滥用行政权力，制定含有排除、限制竞争内容的规定。

五、案例题

34. 答：该房屋买卖合同无效。因为合同当事人一方王某虽年满 16 周岁，但不是以自己的劳动收入作为主要生活来源，是限制行为能力人。根据《中华人民共和国合同法》的规定，限制民事行为能力人订立的合同，经法定代理人追认后，该合同有效，但纯获利益的合同或者与其年龄、智力、精神健康状况相适应而订立的合同，不必经法定代理人追认。

本案中，房屋买卖属重大民事行为，王某不具备这种民事行为能力，无权处分房屋产权，且事后王某的父亲并未追认，所以该房屋买卖合同无效。

35. 答：合理。依据是：（1）《中华人民共和国劳动法》第九十九条规定，用人单位招用尚未解除劳动关系的劳动者，对原用人单位造成经济损失的，该用人单位依法承担连带赔偿责任。（2）《中华人民共和国劳动法》第一百零二条规定，劳动者违反本法规定的条件解除劳动合同或者违反劳动合同约定的保密事项，对用人单位造成经济损失的，应当依法承担连带赔偿责任。